Willi wills wissen

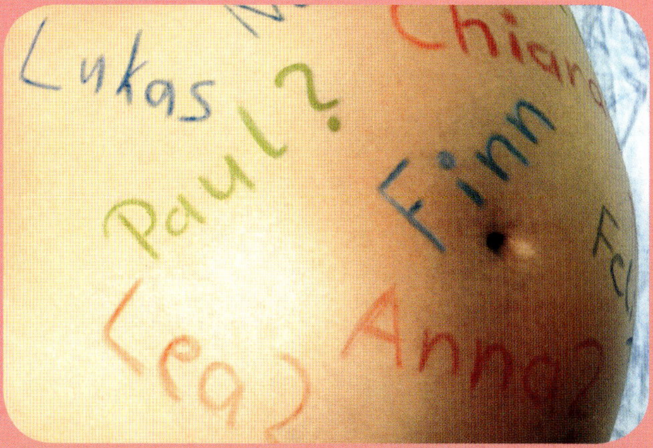

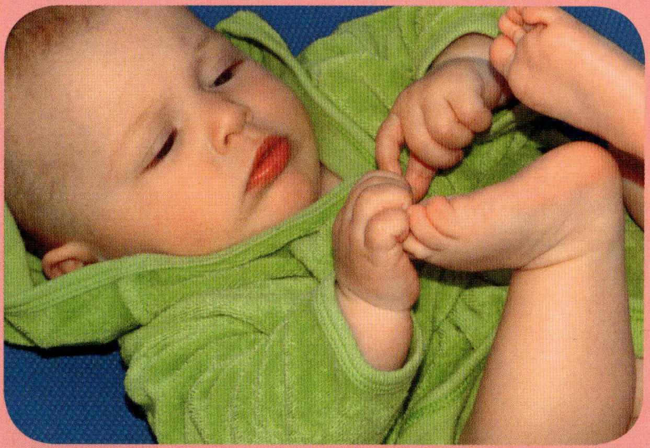

Die Autorin

Ulrike Gerold, geboren 1956, studierte Germanistik, Theaterwissenschaften und Kunstgeschichte an der Freien Universität Berlin. Sie arbeitete als Dramaturgin an Theatern und ist seit 1993 freie Journalistin sowie Autorin von Sachbüchern und Reisegeschichten. Zusammen mit Wolfram Hänel erhielt sie den Friedrich-Gerstäcker-Preis der Stadt Braunschweig 2003 für das Jugendbuch „Irgendwo woanders". Sie lebt in Hannover.

Bildquellennachweis:
Bilderberg: S. 42 · Bildmaschine: S. 25re, 43u · Corbis: S. 10u, 24 · Fotofinder: S. 31 / A1PIX: S. 9m, 26li, 30o, 45 / Agentur Focus: S. 2re, 20, 22 / Argus: S. 33re, 35 / artpartner: S. 3re / Bildagentur-online: S 12o, 16, 26re / caro: S. 23 / Das Fotoarchiv: S. 9o, 37 / F1 online: S. 12u / FreeLens Pool: S. 32o / Kulka: S. 2li / Okapia: S. 39ore / P. Sudermann: S. 30u / Photothek: S. 40o / Plainpicture: S. 39o / M. Timm: S. 27 / Still Pictures: S. 11oli / Vario: S. 3li, 6u, 28o, 31, 39u, 44 / von Look: S. 40u / Waterframe: S. 36 · Getty Images: S. 4, 6o, 16u, 17, 18, 19m, 19u, 21, 28u, 29m, 29u, 33li, 34u, 43o · Haus der Geburten, Nürnberg: S. 8 · Laif: S. 13 · Pixelquelle: S. 2li, 13ol, 16m, 16mr, 16u, 17 · Panthermedia: S. 7, 29o · picture alliance / dpa: S. 10o, 11u, 32re, 33o, 34o, 41 · Pixelquelle: S. 25li

Umschlagfoto: Massiomo Fiorito
Herzlichen Dank an Willi Weitzel

Konzept: Götz Rohloff, Layout und Illustrationen: Suzana Brala
Bildrecherche und -redaktion: Susanne Reininger
Textredaktion: Susanne Reininger
Lektorat: Harald Kiesel
Lizenz durch TELEPOOL

ISBN 978-3-8339-2714-0

Gesamtverzeichnis schickt gern:
Baumhaus Verlag GmbH
Juliusstraße 12
60487 Frankfurt am Main

Ulrike Gerold

Willi wills wissen

Wie kommen Babys auf die Welt?

BAUMHAUS VERLAG

Unter Wasser sind Neugeborene Babys ganz in ihrem Element. Kein Wunder, denn sie verbringen die ersten neun Monate ihrer Entwicklung in einer mit Wasser gefüllten Fruchtblase in Mamas Bauch. Daher stammt der sogenannte Tauchreflex: Das ist ein Schutzmechanismus, der verhindert, dass das Kind im Mutterleib Wasser in die Lunge bekommt.

Fitnessprogramm für Babys

Hallo, guck mal, ist das nicht süß? Komm mal mit unter Wasser, da kannst du Babys tauchen sehen! In diesem Buch geht es um Babys. Ich will nämlich wissen, wie das mit den Babys funktioniert. Bevor sie auf die Welt kommen, sind sie lange im Bauch der Mutter. Ich will wissen, wie sie da reinkommen, wie sie im Bauch heranwachsen und wie sie auf die Welt kommen. Im Moment bin ich hier übrigens in einem Babyschwimmkurs. Die Babys sind schon etwa sieben Monate alt. Sie haben alle kleine Badehosen an.

„Verschlucken sich Babys nicht, wenn sie tauchen?“, frage ich Helga. Sie ist die Lehrerin hier. Das erkenne ich daran, dass Helga kein echtes Baby bei sich hat. Sie hat nur eine Puppe. „Babys halten beim Tauchen automatisch die Luft an. Das ist ihnen angeboren“, erklärt sie mir. „Helga, ich habe Schwimmen so mit sechs Jahren gelernt. Du bringst den Babys das jetzt schon bei?“, will ich wissen. „Nein“, sagt sie, „Schwimmen lernen sie später. Erst mit drei bis vier Jahren können Kinder ihre Arme und Beine richtig dazu einsetzen. Aber Babys sind gerne im Wasser, das macht ihnen Spaß und sie haben auch keine Angst vor Wasser, siehst du?“ Das sehe

Babys haben oft großen Spaß am Planschen und Bewegen im Wasser. Deshalb gehen viele Eltern mit ihren Kleinen zum Babyschwimmen. Das ist ein „Planschkurs“ für Kinder zwischen drei und 18 Monaten. So ein Kurs ist nicht nur gut für die Motorik der Babys - auch der Gleichgewichtssinn wird geschult, Kreislauf, Atmung und die Verdauung werden angeregt. Richtig schwimmen lernen die Kleinen aber meist frühestens, wenn sie drei bis vier Jahre alt sind.

Babys können tauchen!

ich schon. Aber ich bin ein bisschen enttäuscht: „Das ist alles? Nur so zum Spaß?“ Inzwischen „tauchen“ die Babys nicht mehr, sondern paddeln mit kleinen Surfbrettern übers Wasser. Und die Mamis helfen dabei und passen auf, dass die Kleinen nicht von den Brettern rutschen. „Nein, nicht nur zum Spaß“, erklärt Helga. „Das ist hier ein Fitnessprogramm für Babys. Dadurch werden sie kräftiger und stärker. Und sie werden motorisch besser.“

Motorisch hat übrigens nichts mit Motoren zu tun, werde ich noch aufgeklärt. Motorisch besser – das heißt einfach nur, die Babys können sich dann besser bewegen – leichter krabbeln, später besser laufen. Wissenschaftler haben auch herausgefunden, dass Kinder, die Babyschwimmen gemacht haben, auch später im Leben weniger oder gar nicht ängstlich sind. „Und für Frauen, die jetzt Mütter sind, ist das auch gut, gut für die Seele, den Geist und den Körper“, gibt mir Helga noch mit auf den Weg.

Babys sind ziemlich biegsam

Babys sind ganz schön gelenkig und können sogar an ihren Zehen nuckeln. Kannst du das auch noch? Gar nicht so einfach, oder? Die Knochen eines Babys sind nämlich noch sehr weich und biegsam. Denn sie bestehen überwiegend aus Knorpel. Diese elastische Masse festigt sich aber mit der Zeit: Wenn die Kleinen größer werden, werden auch die Knochen härter.

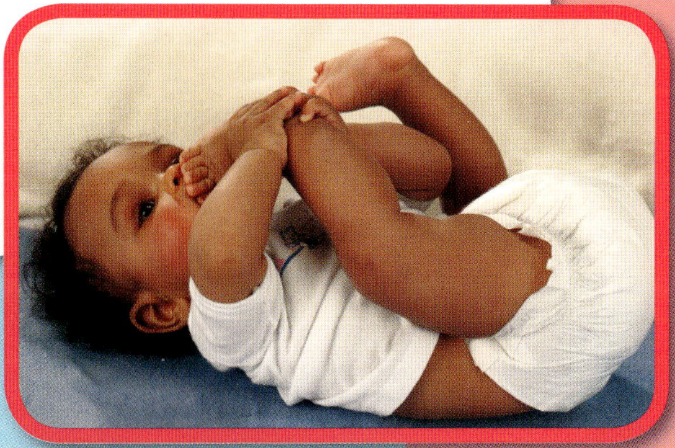

Gemütlich wie zu Hause

Im Geburtshaus

Ich möchte dir gern Stella und ihren Mann Christian vorstellen. Mit ihnen bin ich unterwegs zu einem Geburtshaus. Stella hat schon ein Kind, jetzt ist ein zweites unterwegs. Sie möchte ihr Kind im Geburtshaus bekommen. Und heute geht sie zu einer Voruntersuchung dorthin.
Begrüßt werden wir von Nina. „Hallo, ich bin Nina, ich bin die Hebamme hier." Ich schaue mich gleich erst einmal erstaunt um. „Das sieht hier ja gar nicht aus wie ein Krankenhaus. Eher wie eine gemütliche Wohnung. Das hätte ich nicht erwartet."

„Das ist ja auch kein Krankenhaus, Willi", sagt Nina freundlich. „Eine Geburt hat ja auch nichts mit Krankheit zu tun, eine Geburt ist etwas ganz Natürliches."
Und gleich erfahre ich noch mehr. In Deutschland gibt es etwa einhundert Geburtshäuser. Die meisten werden von mehreren Hebammen gemeinsam betrieben. Hebammen sind speziell ausgebildete Frauen, die bei der Geburt helfen. Manchmal gibt es auch einen Arzt oder eine Ärztin in einem Geburtshaus. Geburtshäuser sind sehr freundlich und wohnlich eingerichtet. In Ninas Geburtshaus gibt es viel Gelb und Orange. Und Teppiche, Decken und Kissen. Hier wird man gleich fröhlich, finde ich.

Rundum betreut

„Die Frauen, die ihr Kind hier kriegen wollen, sollen sich doch wohlfühlen", sagt Nina. „Sie können sich aussuchen, wie sie ihr Kind bekommen möchten. Da gibt es nämlich verschiedene Möglichkeiten. Und wir können hier auch Vorsorgeuntersuchungen machen. Das wirst du gleich sehen, Willi."
Im Geburtshaus informieren sich werdende Mütter und Väter auch über alles, was sie im Zusammenhang mit einer Geburt und einem Kind wissen wollen. Sie werden beraten und kön-

Das hier ist eines der Entbindungszimmer im „Haus der Geburten am Eichenhain" in Nürnberg. Dort haben Mamas viel Platz, schöne Räume wie diesen – und noch mehr Möglichkeiten, alles rund um Schwangerschaft und Geburt angenehm und gemütlich zu machen.

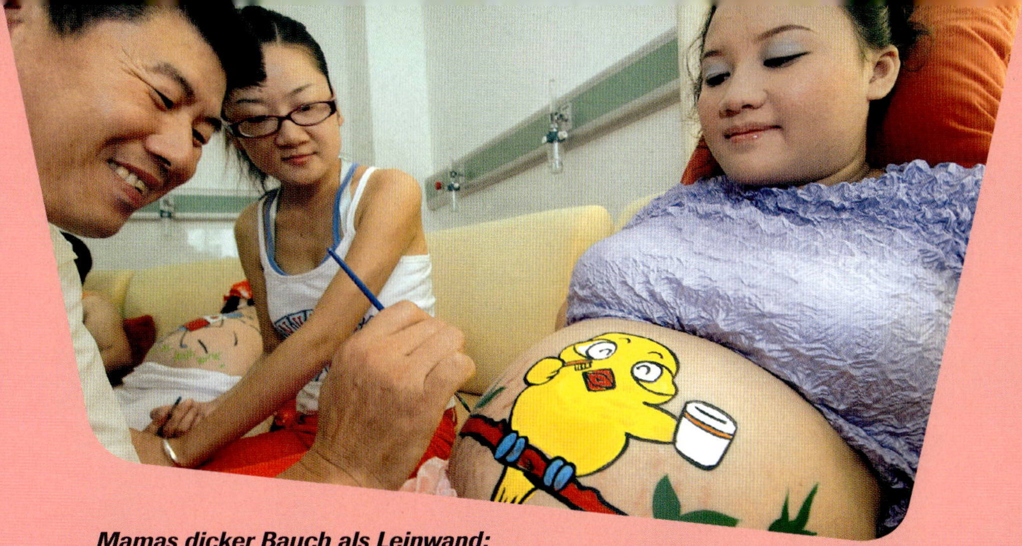

Mamas dicker Bauch als Leinwand:
In China gibt es sogar Wettbewerbe, welcher künftige Papa seiner Frau das schönste Bild auf den Babybauch malt.

nen alles besprechen. Deswegen kommen sie schon vor der Geburt hierher. „Ja", bestätigt Stella. „Hier im Geburtshaus ist Nina immer für mich da. Sie wird mir helfen, mein Kind auf die Welt zu bringen. Und ich fühle mich hier wohl." „Und im Notfall, falls Stella und ihr Baby doch einen Arzt brauchen", sagt Nina, „ist das Krankenhaus nicht weit."

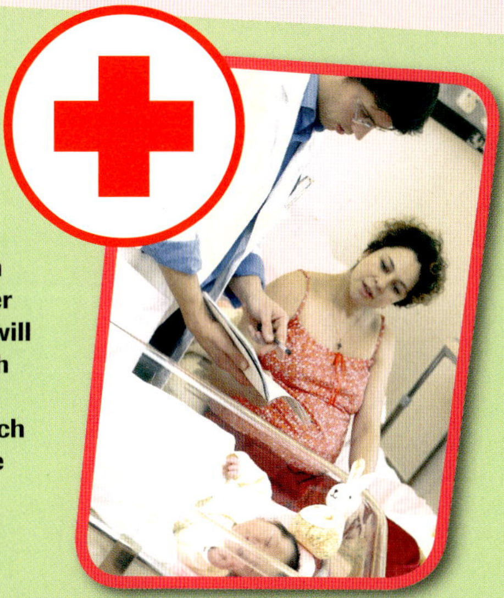

Ein paar Tage bleiben ...

Wenn eine Frau ihr Kind in einem Krankenhaus zur Welt bringt, kann sie sich aussuchen, ob sie nach der Geburt gleich wieder nach Hause will oder ob sie sich in einer Klinik noch ein paar Tage ausruhen möchte. Gerade wenn die Geburt nicht einfach war, genießen viele Frauen die Ruhe und Betreuung ihres Babys auf der Station eines Krankenhauses.

... oder schnell wieder nach Hause?

Viele Frauen wünschen sich eine persönliche Betreuung während der Geburt. Aber danach möchten sie schnell wieder nach Hause. In den meisten Geburtshäusern wird deshalb eine „ambulante Geburt" angeboten. Ist das Kind auf der Welt, kann man sich noch ein paar Stunden ausruhen. Dann aber geht man mit seinem Neugeborenen noch am selben Tag wieder nach Hause – natürlich nur, wenn beide, Mutter und Baby, wohlauf sind.

Von einer Hebamme kannst du lernen, wie du dein Geschwisterchen badest und pflegst und so deiner Mama helfen kannst.

Hebammen holen Kinder auf die Welt ...

„Nina, du bist ..."
„... Hebamme, ja", bestätigt Nina, „insgesamt sind wir hier zwölf." „Aber was macht ihr als Hebammen", frage ich. „Ihr helft bei der Geburt?"
„Ja, das ist unsere wichtigste Aufgabe", sagt Nina. „Der Mutter zu helfen, das Kind zu gebären." „Dann bist du also eine Geburtshelferin?" „Stimmt", lacht Nina. „Wir sind staatlich geprüfte Geburtshelferinnen und haben diesen Beruf richtig gelernt." „Nina", frage ich wieder weiter, „ihr seid hier zwölf Hebammen. Ist da auch ein Mann dabei?" Früher, erzählt Nina, waren Hebammen immer Frauen. Erst seit etwa 20 Jahren dürfen auch Männer Hebamme werden. Nur dass er dann nicht Hebamme heißt sondern „Entbindungspfleger". So wie männliche Krankenschwestern eben auch Krankenpfleger heißen. „Und was macht ihr als Hebamme noch?", will ich wissen.

... und helfen Mamas

„Also wir machen Vorsorgeuntersuchungen, wir zeigen Müttern, wie sie sich auf die Geburt vorbereiten können", zählt Nina auf, „wir informieren über Geburtsmethoden und Risiken, sprechen über die Wünsche der werdenden Mütter, nehmen ihnen Ängste und Sorgen."
„Und wenn ihr das Kind auf die Welt geholt habt, dann habt ihr frei?" Nina lacht wieder und sagt: „Nicht doch. Das fänden die Mütter nämlich überhaupt

Hebamme ist ein ganz alter Beruf

Hebammen gibt es schon seit Hunderten von Jahren. Erst war es nur die Nachbarin, die bei der Geburt geholfen hat. Dann war es die „weise Frau" im Dorf. Im Laufe der Zeit erwarben sich Hebammen aber ein großes medizinisches Wissen und vor allem Erfahrung, mit der sie der werdenden Mutter helfen konnten. Viel später erst übernahmen auch Ärzte die Betreuung einer Geburt im Krankenhaus.

Ein Job mit Verantwortung

nicht gut, wenn wir sie dann einfach so allein lassen würden mit ihrem Kind“, sagt Nina. „Wir betreuen sie auch noch nach der Geburt, beim Stillen, also wenn die Babys an der Mutterbrust Milch trinken, bei der Pflege und der Ernährung des Babys. Wir machen Gymnastik, damit sich der Bauch der Mutter zurückbildet. Wir sind also auch für das Wochenbett zuständig.“

Das Wort „Hebamme“ kommt aus dem Althochdeutschen und bedeutet „Großmutter, die das Neugeborene vom Boden aufhebt“.

Was ist denn das schon wieder? Wochenbett? Müssen die Mütter eine Woche im Bett bleiben? Nina schmunzelt. „Nein, damit bezeichnet man die Zeit nach der Geburt“, sagt sie. Sechs bis acht Wochen dauert diese Wochenbett-Zeit.

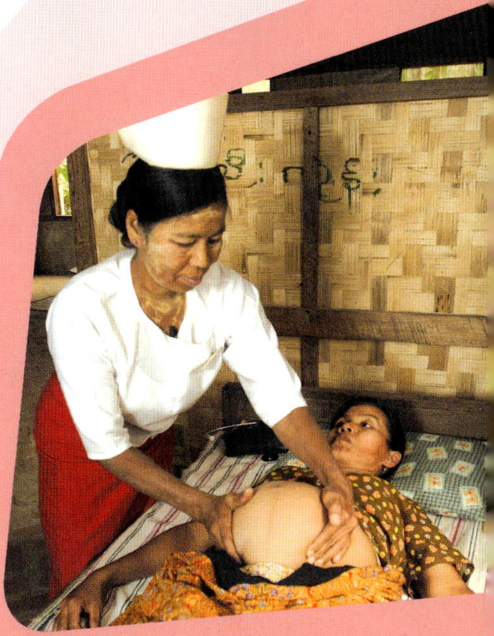

Diese Hebamme im asiatischen Burma tastet den Bauch einer schwangeren Frau ab, um zu erkennen, in welcher Position sich das Ungeborene befindet.

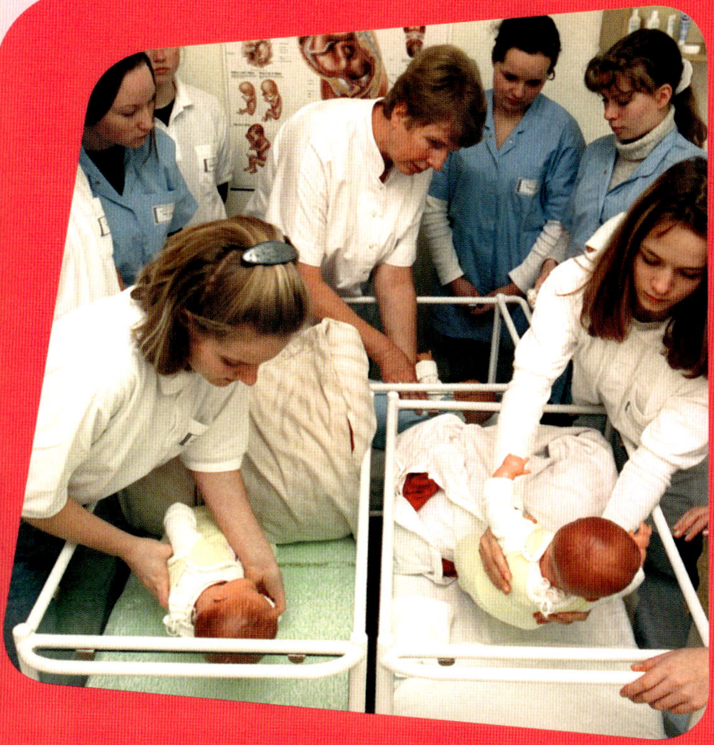

Wie wird man Hebamme?

In Deutschland gibt es rund 60 Hebammenschulen. Die Ausbildung dauert drei Jahre. Dabei lernen die späteren Hebammen das Wichtigste über Geburtshilfe, den menschlichen Körper (Anatomie), die Funktionen von Lebewesen (Physiologie) und die Kinderheilkunde (Pädiatrie).

Der praktische Teil findet in der Klinik im Kreißsaal, auf der Wochenstation, in der Kinderklinik und im Operationssaal statt. Eine Krankenschwester, die zusätzlich noch Hebamme werden möchte, kann diese Ausbildung auf zwei Jahre abkürzen. Voraussetzung für die Ausbildung ist ein Hauptschulabschluss mit mindestens zwei Jahren Berufsausbildung oder die mittlere Reife. Viele Hebammen haben auch Abitur. Eine Hebamme kann freiberuflich arbeiten oder in einer Klinik angestellt sein. Seit 1987 dürfen in Deutschland auch Männer Hebamme werden. Ihre Berufsbezeichnung lautet dann „Entbindungspfleger“.

Hörst du, wie das Herz schlägt?

Genug Platz im Bauch

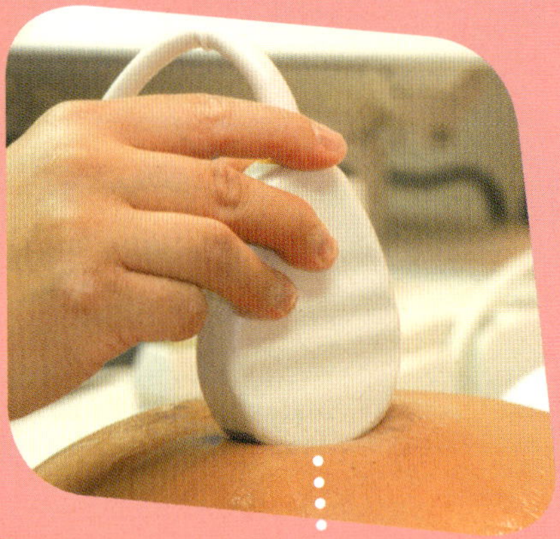

Jetzt haben wir aber Stella und ihren Mann lange genug warten lassen. Sie wollen schließlich wissen, wie es ihrem Kind im Bauch geht. Deswegen sind sie ja zur Vorsorgeuntersuchung ins Geburtshaus gekommen. Stellas Bauch ist schon ganz schön dick. Sie liegt auf einer Liege. Nina tastet erst einmal Stellas Bauch ab. Auch sie will wissen, ob es Mutter und Kind richtig gut geht.

„Spürst du dein Baby schon?", frage ich. Stella nickt, und Nina zeigt mir, dass das Baby wach ist. Man kann sogar sehen, wie es sich bewegt.

„Ja, stimmt, hier ist eine Beule, und hier auch", sage ich.

„Ja, der Kleine ist sehr aktiv", meint Stella. „Der? Wisst ihr denn schon, was es ist?", will ich wissen. „Ja, ein Junge, ein Bruder für unsere Tochter Lilly", antwortet Stella. „Woher wisst ihr denn, dass es ein Junge wird", frage ich neugierig. „Das kann man bei der Ultraschalluntersuchung sehen. Dabei kann man sozusagen in den Bauch hineingucken", erklärt die Hebamme. Ich kann mir gar nicht vorstellen, wie das Kind in Stellas Bauch passt. Schließlich sind dort ja ganz viele Organe: Leber, Milz, Niere, dann gibt es den Magen und den Darm. Da ist doch gar kein Platz mehr für ein Baby. „Kannst du jetzt weniger essen, weil der Bauch keinen Platz mehr hat?"

„Ich kann nicht so viel auf

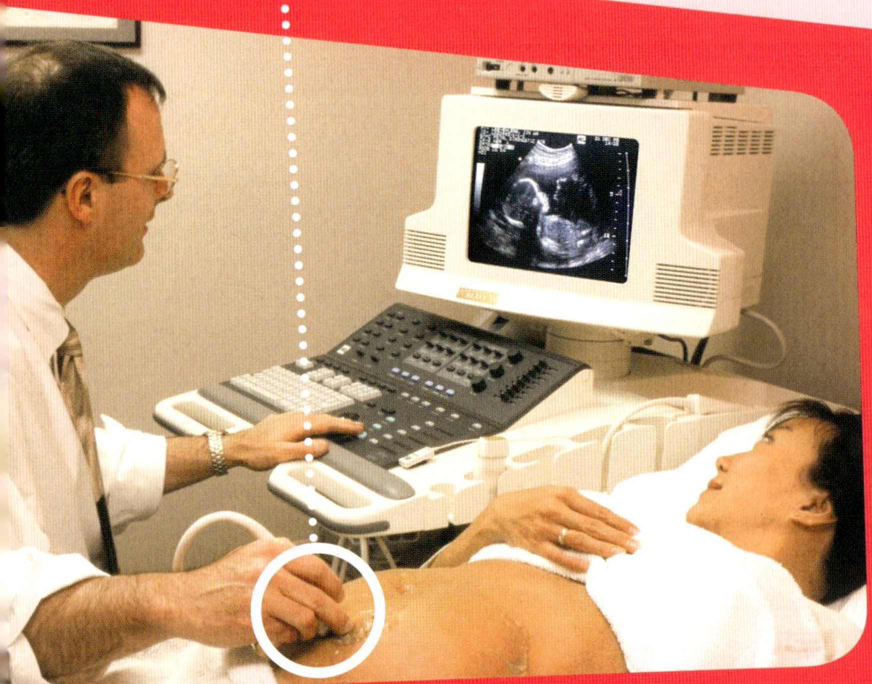

Wenn eine schwangere Frau zur Untersuchung beim Frauenarzt ist, bekommt sie eine dickflüssige, durchsichtige Glibbermasse auf ihren Bauch gestrichen – das Ultraschall-Gel. Es leitet die (Ultra-)Schallwellen. Dadurch kann man in den Bauch richtig reingucken, denn eine elektronische Sonde sendet Schallwellen aus und empfängt sie wieder. Und auf einem Monitor ist dann das Baby zu sehen.

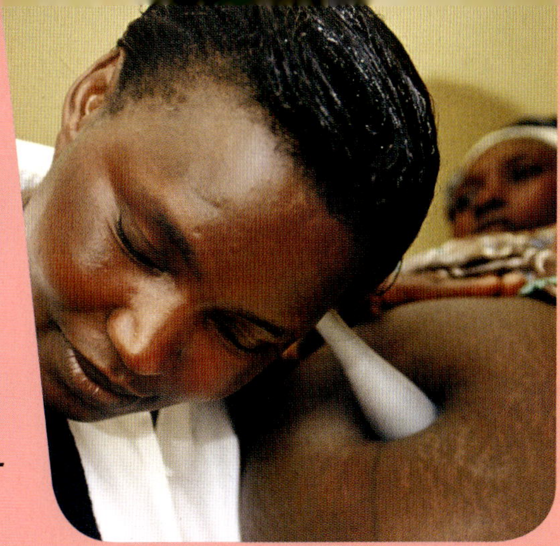

In vielen Regionen der Welt sind die Menschen sehr arm. Deswegen gibt es dort keine modernen Ultraschallgeräte. Die Hebammen müssen mit einfachsten Instrumenten zurechtkommen: Um die Herztöne des Babys in Mamas Bauch zu hören, legt die Hebamme hier einen Trichter auf die Bauchdecke.

einmal essen", bestätigt Stella. „Ich muss auch häufiger auf Toilette, weil die Blase zusammengedrückt wird. Und ich komme schneller außer Atem, wenn ich Treppen steige." Stimmt, daran habe ich gar nicht gedacht, auch die Lunge ist ja ziemlich eingeengt, wenn das Baby von unten dagegen drückt.

Babys Herz galoppiert

Nina unterbricht uns. „Hier, hört ihr das?" Sie hält ein Stethoskop, so ein spezielles Hörgerät, an den Bauch. „Das ist jetzt nicht der Herzschlag von Stella ...", vermute ich. „Nein, Willi, das ist das Herz des Babys", erklärt Nina. „Am Anfang ist es nicht einfach, die Herztöne zu unterscheiden. Das Herz des Babys schlägt aber viel schneller als das von der Mutter, ungefähr doppelt so schnell." Ich sage: „Das klingt ja wie ein galoppierendes Pferd." Alle lachen. „120 bis 160 Schläge in der Minute, das ist ganz normal für ein Baby", beruhigt mich Nina.

Das Herz eines Ungeborenen

Schon in der fünften Woche der Schwangerschaft bildet sich bei dem Embryo (so heißt das noch ungeborene Baby) ein Herz. Es hat zunächst nur eine Kammer und die Schläge sind noch ziemlich unregelmäßig. Zwei Wochen später hat es schon vier Kammern und schlägt wie eine kleine Trommel. Mit einem Ultraschallgerät kann man die Herztöne schon ab der elften Woche wahrnehmen, mit einem Stethoskop hört man sie ab der 21. Woche.

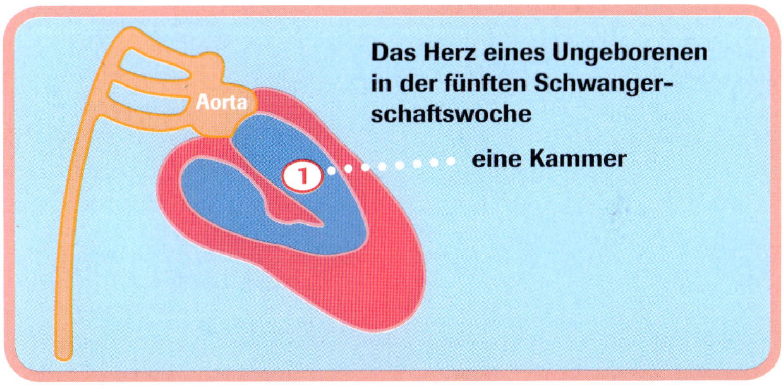

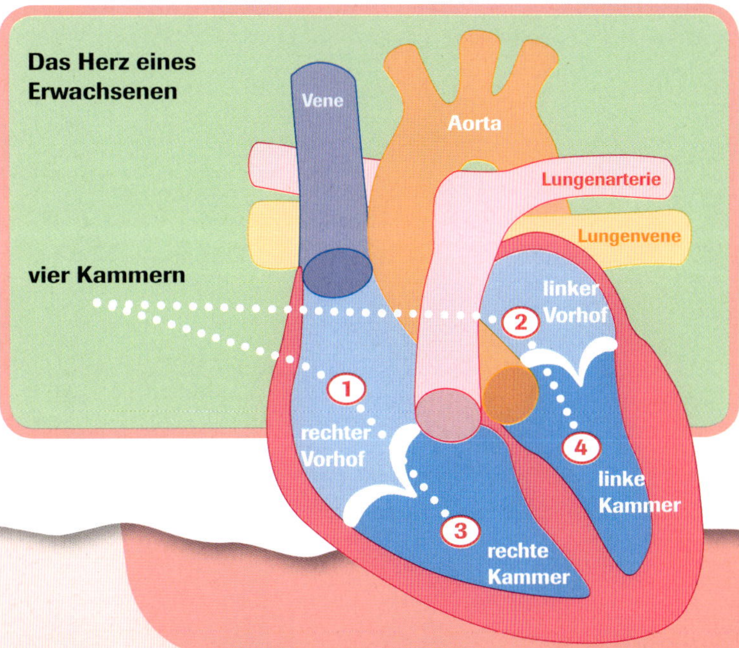

Der Schnellste gewinnt!

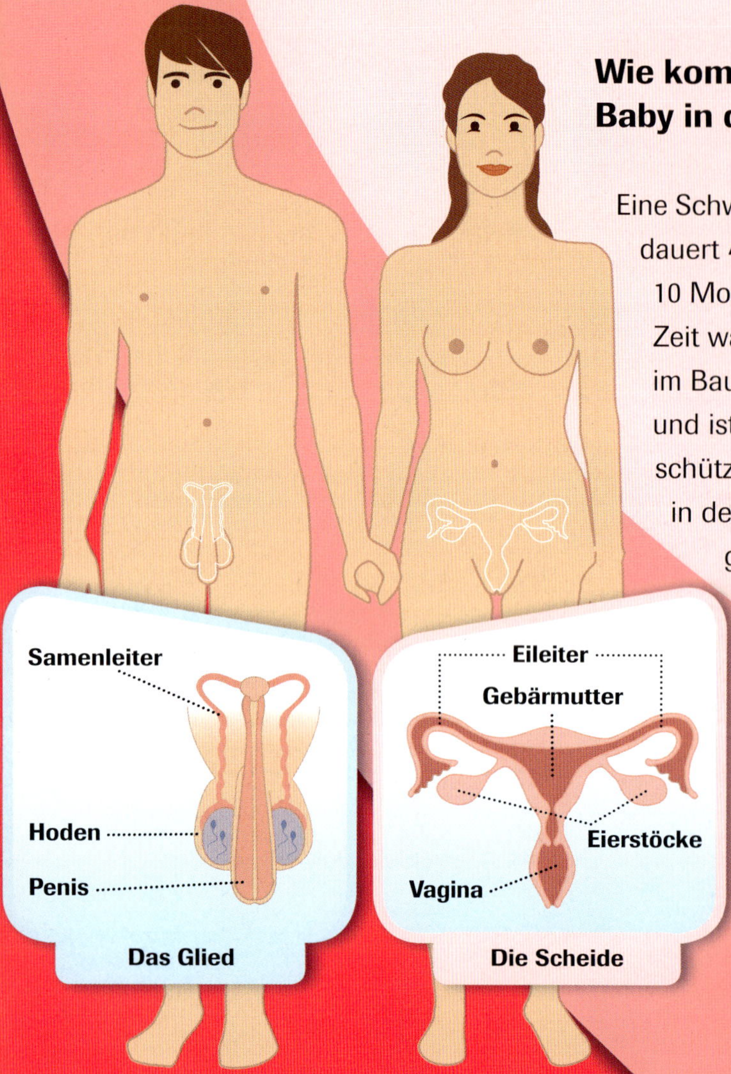

Wie kommt das Baby in den Bauch?

Eine Schwangerschaft dauert 40 Wochen, also 10 Monate. In dieser Zeit wächst das Baby im Bauch der Mutter und ist dort gut geschützt. Stella ist jetzt in der 38. Schwangerschaftswoche. „Wo ist denn jetzt der Kopf?“, will ich wissen. Nina malt auf Stellas Bauch die Lage des Babys auf. „Hier ist der Kopf, hier der Rücken und hier, das der Po.“ „Was habt ihr denn vor 38 Wochen gemacht“, frage ich Christian, „dass Stella schwanger geworden ist?“ „Da haben Stella und ich uns ganz doll lieb gehabt“, sagen Christian und Stella gleichzeitig und lachen verschwörerisch.
Aber wie kommt denn nun das Baby in den Bauch? Wir erfahren es in der Sprechstunde von Dr. Klapperstorch. Der empfiehlt

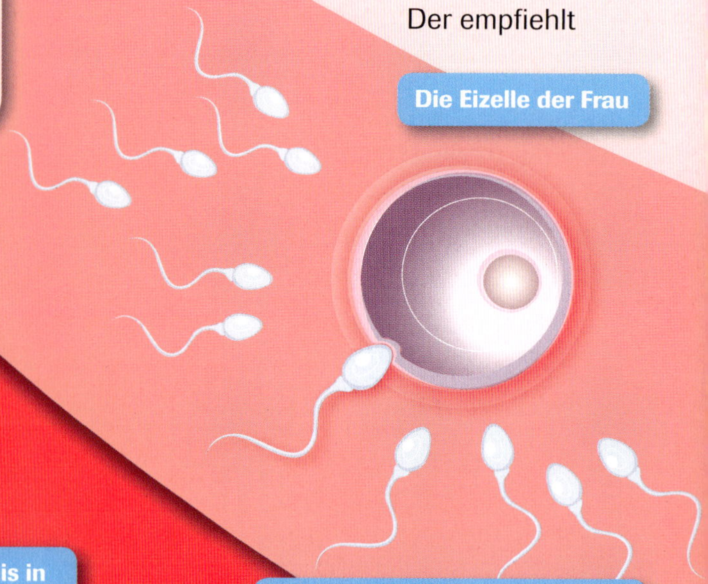

Ein Tropfen Samenflüssigkeit enthält viele Milionen Samenzellen. Das ist mehr als in einer Großstadt Menschen wohnen.

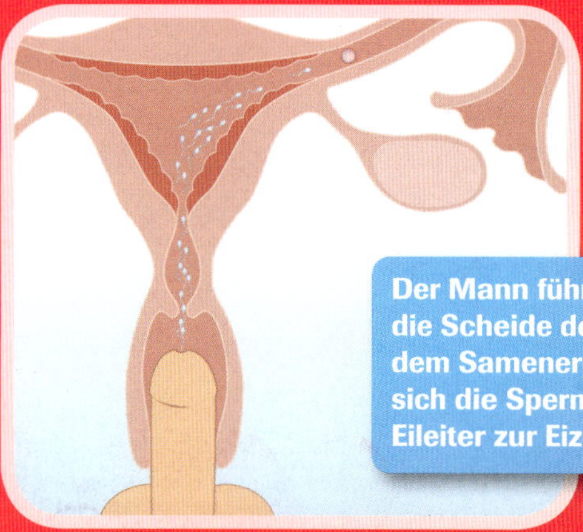

Der Mann führt seinen Penis in die Scheide der Frau ein. Nach dem Samenerguss bewegen sich die Spermien durch die Eileiter zur Eizelle ...

Dr. Klapperstorch erklärt jetzt mal die Sache mit der Befruchtung.

uns, dass wir uns mal eine nackte Frau vorstellen. Aber ganz nackt, hat er gesagt. Die Frau hat einen Busen und eine Scheide, die Vagina. Und der nackte Mann, sagt der Dr. Klapperstorch, der hat ein Glied, also einen Penis, und der ist verbunden mit einem Hodensack. Und wenn ein Mann und eine Frau sich lieben, dann ... ähem, ja also dann ... Also, was nun, Dr. Klapperstorch? Also, dann steckt der Mann sein Glied in die Scheide der Frau und sein Samen fließt hinein. Wenn die beiden sich sehr lieb haben und zärtlich miteinander sind, macht das sogar ganz viel Spaß. Nun beginnt ein Wettschwimmen der besonderen Art. Was denn für ein Wettschwimmen?, frage ich Dr. Klapperstorch. Also: Die vielen hunderttausend Samenzellen des Mannes haben nur ein Ziel: durch die Gebärmutter und die Eileiter der Frau eine Eizelle zu erreichen. Die erste Samenzelle, die es schafft, hat gewonnen. Aha, so ist das also.

Die Samenzelle und die Eizelle verschmelzen miteinander. Dabei übertragen sich die Erbanlagen der Mutter und die des Vaters, also die Gene, und werden neu zusammengestellt – zum Beispiel erhält die neue Zelle von der Mutter die Augenpartie und die Größe, vom Vater die Haarfarbe und die Ohrläppchen. Der „Bauplan“ für einen neuen Menschen ist fertig. Der befruchteten Eizelle muss es jetzt nur noch gelingen, sich in der Gebärmutter einzunisten. Vier bis fünf Tage dauert es, bis das Ei die Gebärmutter erreicht hat. In dieser Zeit hat es sich schon mehrfach geteilt. Das entstehende Baby hat damit schon angefangen zu wachsen.

Der Geburtstermin

Weil man nie genau weiß, wann die Samenzelle die Eizelle befruchtet und diese sich in der Gebärmutter einnistet, zählt man vom ersten Tag der letzten Monatsblutung der Frau an. Und das ist in der Regel etwa zwei Wochen früher. Damit kommt man auf 40 Wochen. Den genauen Geburtstermin bestimmt der Arzt oder die Hebamme. Das Kind hält sich aber nicht immer daran.

Der Samen verschmilzt jetzt mit der Eizelle. Dabei verliert der Samen sein Schwänzchen ...

Das ist die Urzelle, sie wächst, ...

... teilt sich in zwei Zellen

... die zwei dann in vier

... und die vier in acht Zellen und immer so weiter ....

Gymnastik und Yoga helfen werdenden Mamas, sich auf die Geburt vorzubereiten. In einem speziellen Yogakurs für Schwangere lernen sie zum Beispiel, sich im richtigen Moment zu entspannen oder zu konzentieren und ganz bewusst zu atmen.

Mamas in Bewegung

Stella hat in zwölf Tagen ihren Geburtstermin. Ihre Hebamme Nina hat ausgerechnet, dass zu diesem Zeitpunkt das Baby kommt - und ich darf dabei sein! Aber bis es so weit ist, habe ich noch ein bisschen Zeit. Und deswegen gehe ich jetzt mal in die Elternschule. Da findet ein Geburtsvorbereitungskurs statt.

So, jetzt bin ich in einem Gymnastikraum und spreche mit vier werdenden Müttern. Bei einigen dauert es nicht mehr lange bis zur Geburt. Margots Kind kommt erst in vier Monaten, Petras aber schon in fünf Wochen, auch Regines Kind kommt in fünf Wochen und Marlies` Baby sogar schon in vier Wochen.
„Und du?“, frage ich die fünfte Frau. „Du hast keinen dicken Bauch!“ Sie schüttelt den Kopf und sagt: „Nein, ich bin die Hebamme, ich heiße Linda und leite diesen Kurs“, antwortet sie. „Also, was machen wir hier eigentlich?“, will ich von Linda wissen. „Wir machen hier Geburtsvorbereitung. Und zuerst einmal tanzen wir zusammen.“
Viele Frauen, die ein Kind bekommen, besuchen einen Geburtsvorbereitungskurs. Sie wollen wissen, was bei der Geburt auf sie zukommt, und sie wollen sich und dem Baby etwas Gutes tun. Tanzen zum Beispiel. Das finde ich toll. Die Babys im Bauch spüren die Bewegung und hören auch schon die Musik. Ich frage Linda: „Was bringt ihr den Müttern noch bei?“ „Außer tanzen?“, entgegnet sie lachend. „Ich zeige ihnen, wie man tief in den Bauch hinein atmet. Das bringt Sauerstoff zu dem Kind und ist

Zwischen dicken Bäuchen

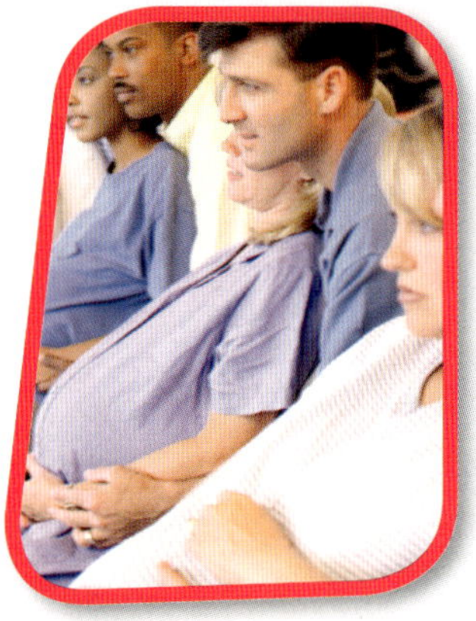

Geburtsvorbereitungskurse gibt es nicht nur für werdende Mütter. Ganz oft sind ja die Väter bei der Geburt ihres Kindes dabei. Und damit sie dann nicht im Weg rumstehen, wird ihnen bei der Geburtsvorbereitung gesagt, wie sie ihren Partnerinnen helfen können. Ruhig bleiben, die Hand halten und auch mitatmen – das können angehende Väter in so einem Kurs lernen.

Tief einatmen gegen die Angst – das tut gut!

vor allem während der Geburt wichtig. So eine Geburt ist ja auch anstrengend und tut weh, aber mit einer speziellen Technik kann man es sich leichter machen" „Etwa so?", frage ich und atme ganz tief ein, sodass mein Bauch ganz dick wird. „Ja, genau so", nickt Linda.

Training für den Bauch

Außerdem zeigt Linda den Frauen, wie sie ihren Körper genauer wahrnehmen können und auch das Baby. Und was man gegen Rückenschmerzen unternimmt oder Füße, die wehtun. „Das stimmt", bestätigt die schwangere Marlies, „mein Bauch ist schließlich schon ganz schön schwer. Und das spüre ich manchmal im Rücken. Ich kann den Bauch ja nicht einfach wegstellen wie eine volle Einkaufstasche. Schwanger sein ist ganz schön anstrengend." „Ich finde es auch schön, einfach nur mit anderen Müttern reden zu können. Zum Beispiel über die Hose, die nicht mehr passt", lacht Margot.

Viel Bewegung hilft den Schwangeren, denn dadurch ...

... erhöht sich die Blutzirkulation zwischen Baby und der Mutter.

... werden die Muskeln gestärkt, die bei den Wehen und der Geburt ganz wichtig sind.

... werden Schwangerschaftsbeschwerden wie z. B. Rückenschmerzen gelindert.

... hat die Mutter mehr Energie für zwei.

... fühlt sich die Frau einfach ausgeglichener.

Das Baby nascht am Mutterkuchen

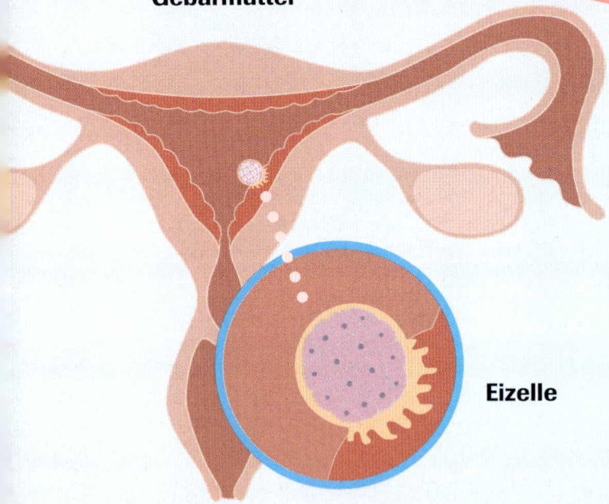

Fünf Tage nach der Befruchtung nistet sich die Eizelle in die Gebärmutter ein und setzt sich dort fest. Ab diesem Zeitpunkt wird die Eizelle Embryo genannt.

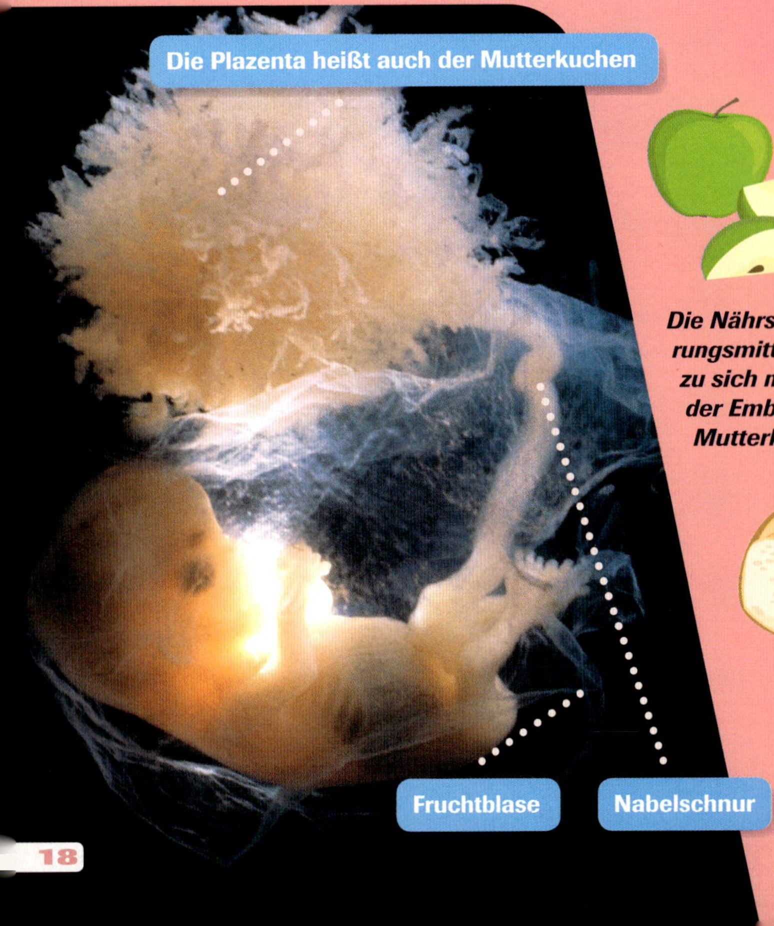

Die Nährstoffe der Nahrungsmittel, die die Mutter zu sich nimmt, bekommt der Embryo über den Mutterkuchen.

Ganz großer Hunger?

Also, die befruchtete Eizelle nistet sich in der Gebärmutter ein. Und die nächste Zeit wächst diese kleine Keimzelle dann. Es bildet sich auch die Plazenta, der Mutterkuchen. Das ist wieder so ein seltsamer Begriff, den mir Linda erklären muss. „Der Mutterkuchen heißt deshalb so, Willi, weil über ihn das Baby mit Sauerstoff und Nährstoffen versorgt wird. Mutterkuchen und Baby sind über eine Nabelschnur miteinander verbunden“, sagt Linda, „stell dir einfach einen Kuchen vor, von dem das Baby immer wieder nascht.“

Jetzt weiß ich auch, warum Schwangere immer so großen Hunger haben. Sie müssen ja nicht nur sich, sondern auch das Baby ernähren. Aber zu viel darf man auch nicht essen, warnt Linda, denn sonst schleppt man nicht nur das Baby, sondern schnell auch zu viel Pfunde

mit sich herum.
„Und die wird man so schnell nicht wieder los. Eine Schwangere muss zwar für zwei denken, aber nicht für zwei essen."

Rauchen ist Gift

Das Beste für Mutter und Kind ist natürliche und gesunde Nahrung, Obst und Gemüse also. Alkohol und Zigaretten sind dagegen schädlich. Deren giftige Bestandteile dringen ungefiltert durch die Nabelschnur und können das Kind schädigen.

Um das Baby herum ist die schützende Fruchtblase mit dem Fruchtwasser. Linda zeigt uns das in ihrem Geburtsvorbereitungskurs mit einer Babypuppe, die sicher und geschützt in einem Strumpf steckt.
„Am Anfang ist das Baby noch nicht so groß und sieht auch noch nicht so aus wie unsere Puppe", sagt sie. „Es muss sich alles erst noch entwickeln."

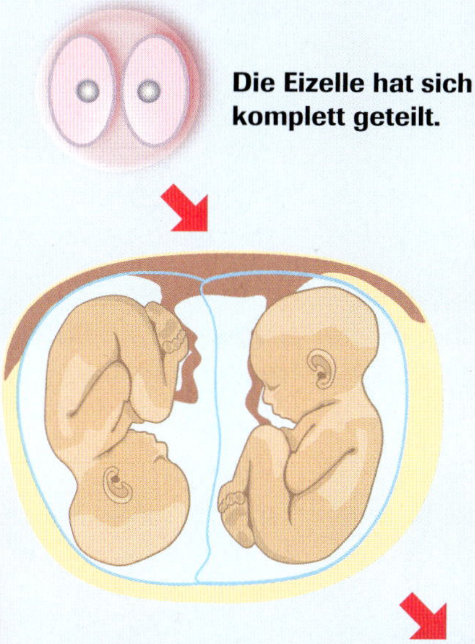

Eineiige Zwillinge wachsen in einer Fruchtblase auf, die nur durch eine sehr dünne Wand geteilt ist.

Aus eins mach zwei – ziemlich ungewöhnlich

Wenn die Samenzelle auf die reife Eizelle trifft und diese sich nach der Befruchtung zu teilen und damit zu wachsen beginnt, dann entsteht daraus ein Baby. Aber wenn sich die befruchtete Eizelle gleich komplett teilt, dann gibt es zwei Babys – Zwillinge wachsen heran. Und weil diese Babys aus derselben Eizelle und derselben Samenzelle stammen, sehen sie auch zum Verwechseln gleich aus. Da sie aus einem Ei entstanden sind, heißen sie eineiige Zwillinge.

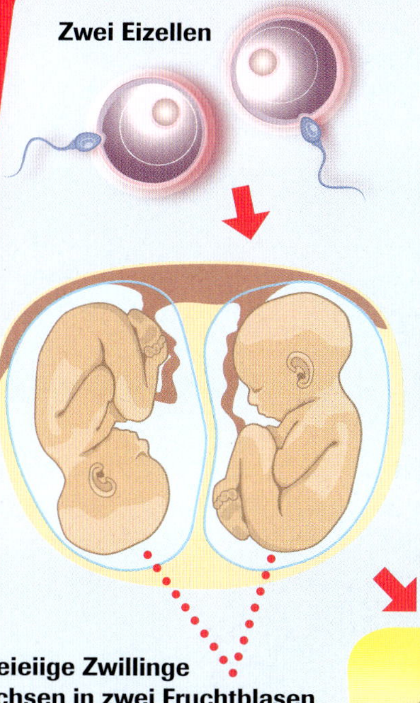

Zweieiige Zwillinge wachsen in zwei Fruchtblasen auf. Sie entstehen aus zwei Samenzellen und zwei Eizellen.

Doppelt, aber nicht gleich

Es kommt jedoch auch vor, dass zwei Samenzellen zwei Eizellen treffen und die heranwachsen. Dann gibt es auch zwei Babys und damit ebenfalls Zwillinge. Aber sie sehen nicht gleich aus, weil sie ja aus unterschiedlichen Samen- und Eizellen entstanden sind. Zweieiige Zwillinge können auch ein Junge und ein Mädchen sein. Eineiige sind immer zwei Mädchen oder zwei Jungen. Bei 85 Geburten gibt es im Durchschnitt einmal Zwillinge, drei Viertel davon sind zweieiig, nur ein Viertel eineiig.

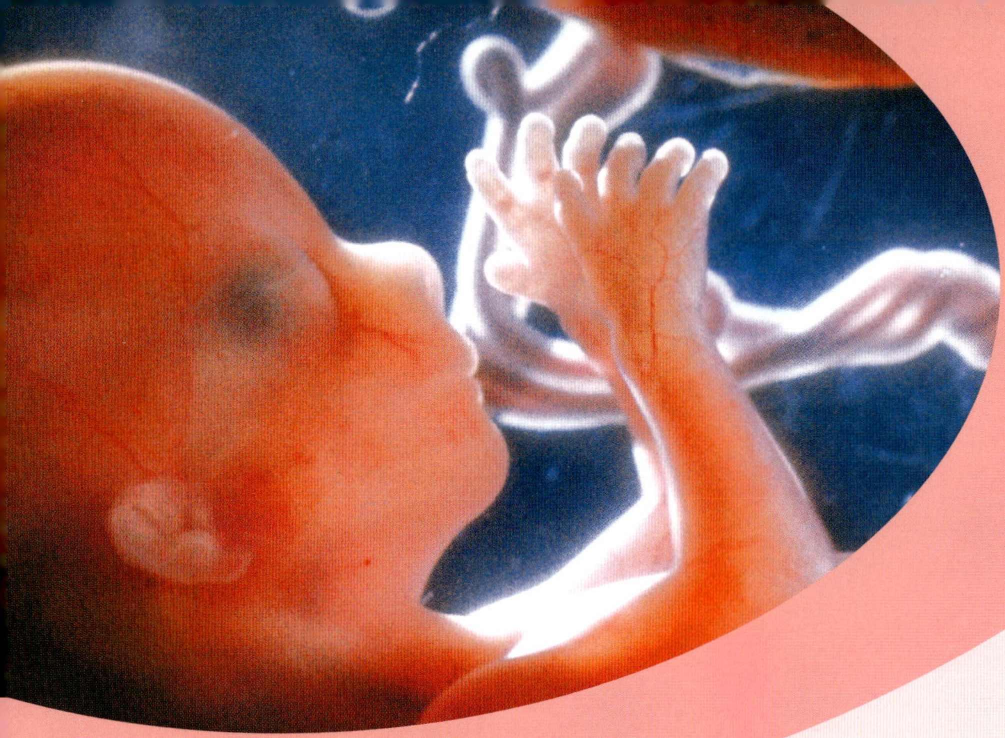

Schon im Mutterleib kann der Embryo seine Finger und Hände bewegen.

Wie das Baby im Bauch wächst

„Wie groß ist ein Baby denn am Anfang der Schwangerschaft?“, will ich von Linda wissen. „Mit vier Wochen ist es so groß wie ein Blumensamen“, sagt Linda. „Das ist ja ziemlich klein, das ist ja kaum zu sehen“, entgegne ich. „Ja, aber es wächst, erst langsam und dann immer schneller“, fährt Linda fort. Eine Woche später, also mit fünf Wochen, ist es so groß wie ein Orangenkern und sieht fast aus wie eine kleine Kaulquappe. „Das Baby wächst und wächst und wird größer. Bald sind der Kopf und der Körper, die Arme und Beine zu erkennen und auch die inneren Organe und das Gehirn bilden sich aus, ein richtiger kleiner Mensch entsteht“ erklärt mir Linda. „Es reagiert schon auf Licht und Geräusche. Und so mit fünf Zentimentern, ab der elften Woche, beginnt es sich zu bewegen.“

5. Woche:
Groß wie ein Orangenkern, hier in orginal Größe.

12. Woche: Groß wie eine Birne

Klitzeklein wie ein Samenkorn

„Und das merken die Mütter?" „Nein, das merken sie noch nicht", sagt Linda. Im fünften Monat ist das Baby ungefähr 25 Zentimeter groß, das ist etwa so groß wie das Buch, das du gerade liest. „Dann beginnt es mit Gymnastikübungen, es boxt und tritt – und das ist ein besonders schöner Moment für die Mutter."

Achtung, Baby hört mit!

Der Gehörsinn ist in der 28. Schwangerschaftswoche bereits voll entwickelt und ist damit das erste ausgeprägte Sinnesorgan. Im Bauch der Mutter kann das Baby also schon drei Monate vor der Geburt hören, allerdings eher gedämpft. Viele Mütter und Väter sprechen in der Schwangerschaft bereits bewusst zu ihren Babys. Nach der Geburt erkennen Babys die Stimmen wieder, die sie schon im Bauch gehört haben – sie unterscheiden sogar Mutter und Vater.

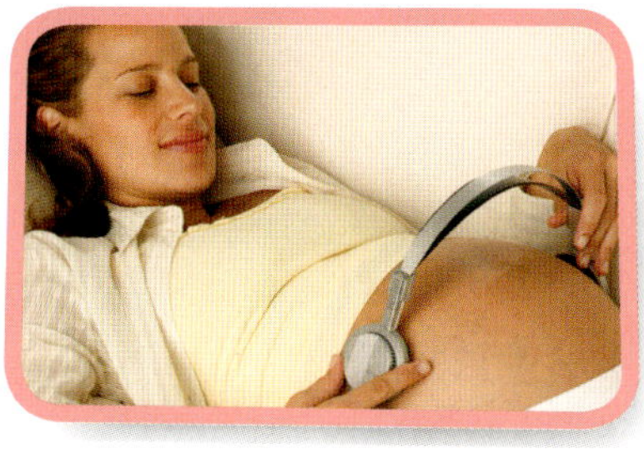

„Weil sie zum ersten Mal das Baby spürt?", vermute ich. Linda nickt. „Und wenn der Vater oder die Geschwister ihre Hände auf den Bauch legen, kriegen sie es vielleicht auch schon mit."

„Willi, magst du gern Musik hören?" Musik? Wie kommt Linda denn jetzt auf Musik? Die Lösung des Rätsels kommt gleich. Linda erklärt mir, dass im sechsten Monat die Ohren eines ungeborenen Kindes schon so weit ausgebildet sind, dass es Stimmen hören kann. Die Stimme der Mutter wird jetzt sein Lieblingsgeräusch.

Je öfter das Baby die Stimme seiner Mutter hört, desto vertrauter ist sie ihm nach der Geburt. Viele Mütter glauben auch, dass ihr Baby gern Musik hört. Das kann ich verstehen, Musik klingt ja auch schöner als das Glucksen des Fruchtwassers!

24. Woche: Groß wie eine Ananas

32. Woche: Groß wie eine Melone

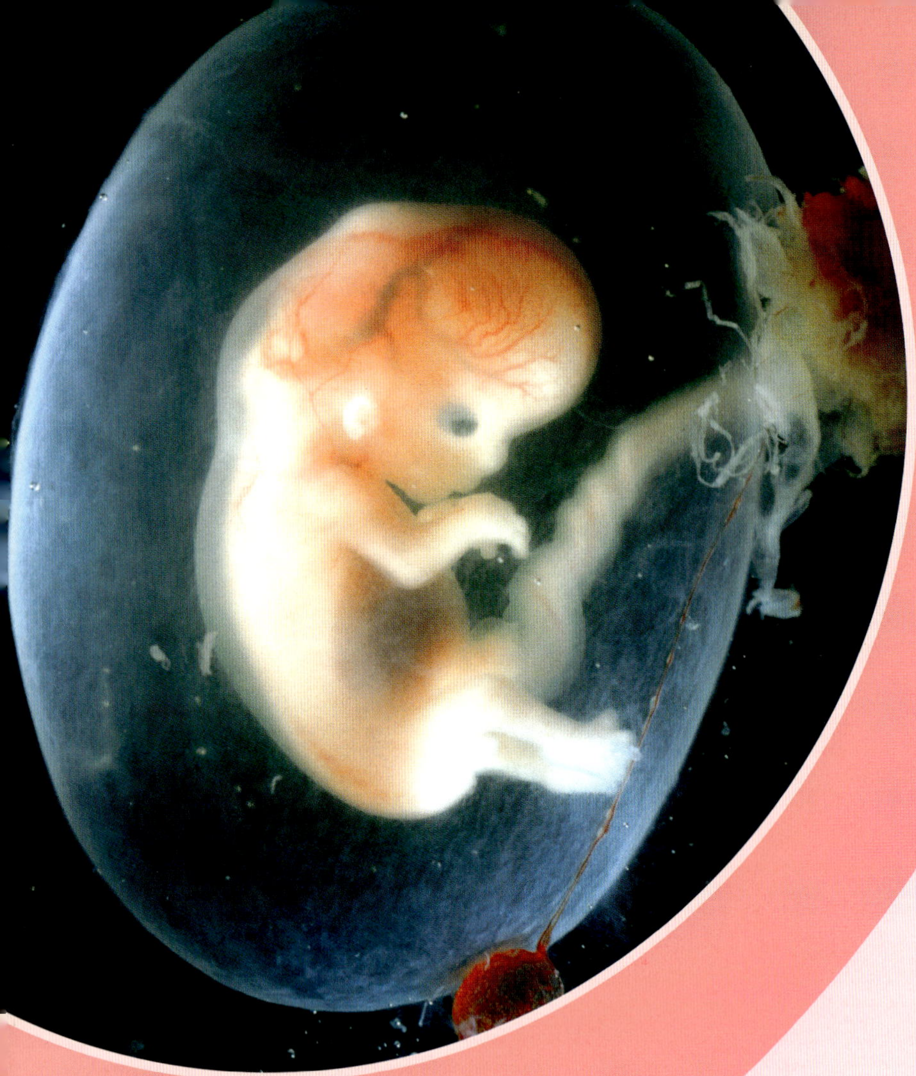

Der Embryo schwimmt beinah wie schwerelos in der Fruchtblase, dadurch wird er vor Erschütterungen geschützt.

Viel Wasser im Bauch

„Linda, jetzt mal ganz wissenschaftlich: Was ist eigentlich ein Embryo?", frage ich sie. „Bis zum Ende der achten Woche sagt man zu dem Kind im Bauch Embryo, danach nennt man es Fötus", antwortet Linda. „Warum schwimmt denn das Baby überhaupt im Fruchtwasser?", will ich weiter wissen.

„Das ist wie ein Polster", sagt Linda. „Es wird darin warm gehalten, außerdem trinkt das Baby Fruchtwasser, da sind Zucker und andere wichtige Nährstoffe drin, die es zum Wachsen braucht.

Vom Embryo zum Fötus

Bis zum Ende der achten Schwangerschaftswoche wird das Ungeborene Embryo genannt. Ab der neunten Woche heißt es Fötus.

Fruchtwasser ist klar, schmeckt aber nicht süß, sondern salzig. Es schützt vor Infektionen und trägt das Kind. Du hast doch bestimmt schon mal im Meer gebadet? Da schwimmt man ja auch etwas leichter oben als im Swimmingpool. Fruchtwasser ist jedoch viel wärmer als kaltes Nordseewasser. Es ist so warm wie unser Körper."

„Wie viel Fruchtwasser umgibt denn das Baby?", frage ich.

„Nicht sehr viel", sagt Linda. „Im sechsten Monat ist etwa ein halber Liter Fruchtwasser in der Fruchtblase, vor der Geburt fast ein Liter. Alle vier bis sechs Stunden erneuert sich das Fruchtwasser komplett. Der Körper der Mutter produziert immer wieder neues."

„So einem Baby, das noch im Bauch ist, scheint es ja gut zu gehen", sage ich.

„Ja, manche wollen auch gar nicht raus und lassen sich viel Zeit und kommen viel später als errechnet", sagt Linda und lacht.

„Früher hat man immer gesagt, Mädchen kommen später, die

Fruchtwasser ernährt und schützt

wollen sich noch schön machen", fährt sie fort, „das ist", aber ein Scherz. Kinder, die später auf die Welt kommen, sind weiter entwickelt und widerstandsfähiger als Kinder, die zu früh kommen." Das kann ich mir wieder gut vorstellen.
„Du, Linda, man hat früher auch gemeint, dass Schwangere mit einem apfelförmigen Bauch ein Mädchen kriegen und ..." „... ein birnenförmiger Bauch ein Junge wird?", Linda grinst. „Das habe ich ja lange nicht mehr gehört. Verlassen kann man sich darauf auf keinen Fall. Mit dem Geschlecht hat die Bauchform garantiert nichts zu tun." „Und stimmt es, dass Jungen im Bauch aktiver sind als Mädchen?"
„Stimmt auch nicht", erklärt Linda. Wer wirklich wissen will, ob es ein Junge oder ein Mädchen wird, solle sich lieber bei der Voruntersuchung die Bilder der Babys im Ultraschall ansehen.

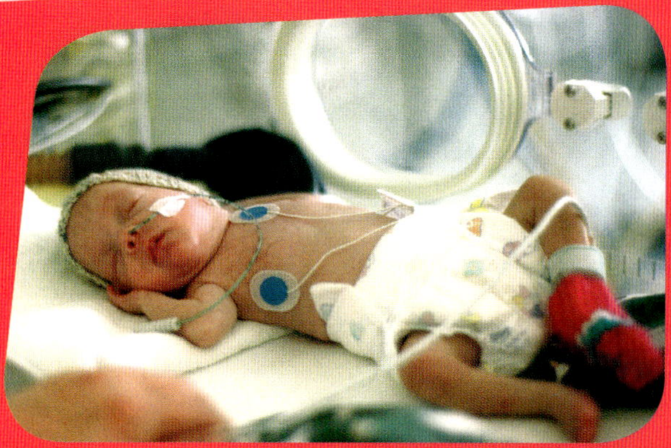

„Frühchen" kommen in den Brutkasten

Ein „Frühchen" ist ein Neugeborenes, das mit einem Gewicht von unter 2500 Gramm vor Ablauf der 37. Schwangerschaftswoche zur Welt kommt. Normalerweise dauert eine Schwangerschaft 40 Wochen. In Deutschland werden jeden Tag etwa 13 Kinder sogar mit einem Gewicht von nur 750 bis 1500 Gramm geboren. Ein normales Geburtsgewicht liegt bei rund 3500 Gramm. Früher sind fast alle dieser Kinder kurz nach der Geburt gestorben. Heute können fast 90 Prozent überleben, meist ohne Schäden. Sie müssen dann einige Zeit in einem sogenannten Brutkasten liegen.

Die Legende vom Storch, der die Kinder bringt, hat nichts mit dem großen Vogel zu tun. Sie stammt vermutlich eher von dem Heilkraut Storchschnabel. Früher tranken nämlich Eltern, die keine Kinder bekamen, täglich kalten Tee aus diesem Kraut. Dann würde sich ihr Kinderwunsch erfüllen, glaubte man. Tatsächlich galt der Storchschnabel-Tee als wirksames Wundermittel. Die Wirkung könnte auf einem Inhaltsstoff basieren, der dem weiblichen Geschlechtshormon Östrogen ähnlich ist. Das fördert nämlich die Reifung einer Eizelle.

Es gibt auch Ratschläge aus Omas Zeiten, die garantiert keine Wirkung haben. Diese hier finde sehr lustig:

**Um schwanger zu werden, legt man Würfelzucker aufs Fensterbrett – als „Futter für den Klapperstorch".
Will man einen Jungen, bindet man ein blaues Band herum, für Mädchen nimmt man ein rosa Band.**

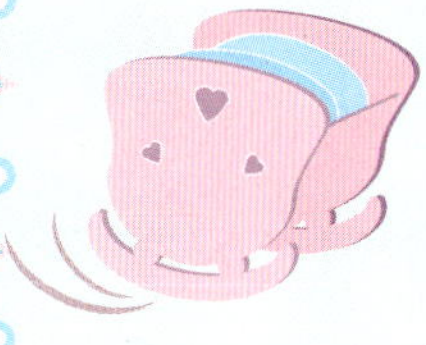

Die Wiege eines Kindes darf vor der Geburt nicht geschaukelt werden, sonst weint das Kind später viel.

Eine Schwangere soll essen, was ihr schmeckt, damit das Kind später nicht wählerisch beim Essen wird.

Mit dem Kopf voran!

Ach, so geht das also: Einer angehenden Mama wird ganz genau erklärt, wie ihr Baby auf die Welt kommt.

Einmal drehen bitte!

„Was macht so ein Baby im Bauch denn die ganze Zeit außer Schlafen?", frage ich Linda. „Zuerst einmal muss sich ja alles entwickeln. Das, Willi, das habe ich dir ja schon erklärt und das dauert ein bisschen. Erst nach sieben Monaten kann das Kind verdauen, atmen, hören, tasten. Jetzt schläft es auch schon mehrere Stunden hintereinander und ist danach mehrere Stunden wach." Ich unterbreche Linda: „Sag mal, das Kind kann doch gar nicht atmen. Da sind ja gar keine Luft und kein Sauerstoff im Bauch." „Es macht trotzdem Atemübungen mit seiner Lunge", antwortet Linda, „wenn es dabei Fruchtwasser einatmet, kriegt es sogar manchmal Schluckauf, aber das ist nicht schlimm und hört auch wieder auf. Bis zur Geburt übernimmt die Mutter die Versorgung mit Sauerstoff und Energie. Ihr Kreislauf ist mit dem des Ungeborenen ja über die Nabelschnur verbunden."

„Viel Platz hat es am Ende der Schwangerschaft aber nicht mehr im Bauch", stelle ich fest. „Wie kommt es denn dann überhaupt raus?" Ich sehe mir skeptisch die Babypuppe an, die Linda noch im Arm hat.

„Also zunächst mal muss sich das Baby im Bauch so gedreht haben, dass es mit dem Kopf nach unten liegt", sagt Linda. Sie dreht das Baby um. „Guck, so, Willi."

„Nun muss es sich ganz klein machen, das Kinn kommt an die Brust!" Linda drückt die Babypuppe zusammen. Das Kinn zeigt nach unten, der Kopf liegt auf der Brust und die Füßchen sind angezogen.

„Und dann? Ist es nicht immer noch zu groß für die Scheide der Mutter?", frage ich.

„Nun kommt der Rücken nach vorne, die Mutter bewegt sich und hilft, damit es das Baby nicht zu schwer hat. Bei der Geburt zieht sich die Gebärmutter zusammen und drückt das Baby nach draußen.

Bei der Geburt erscheint erst der Kopf, dann braucht es noch mindestens eine Wehe – so nennt man die rhythmischen Muskelbewegungen der Gebärmutter bei der Geburt – das Köpfchen dreht sich auf die Seite und der kleine Körper kommt hinterher. In einem großen Bogen!“

Ich frage Linda: „Bist du eigentlich gern Hebamme?“ Das ist eine dumme Frage, man sieht ja Linda an, dass ihr der Beruf Freude macht. Und deshalb sagt sie auch: „Sehr gerne, Willi, ich hab den schönsten Beruf, den ich mir vorstellen kann.“

Warten auf den richtigen Augenblick

Kurz vor der Geburt entwickelt sich das Baby im Bauch nicht mehr so viel, es trainiert aber seine Sinne und seine Reflexe. Und es legt an Gewicht zu. Deswegen wird es auch immer enger im Bauch der Mutter. Viel bewegen kann sich das Baby nun nicht mehr. Es ist also gut, wenn es schon vorher die richtige Startposition für die Geburt gefunden hat: mit dem Kopf nach unten.

Die meisten Babys sind am Ende ihrer Zeit im Bauch zwischen 48 und 54 Zentimeter groß und haben ein Gewicht zwischen 2800 und 4000 Gramm.

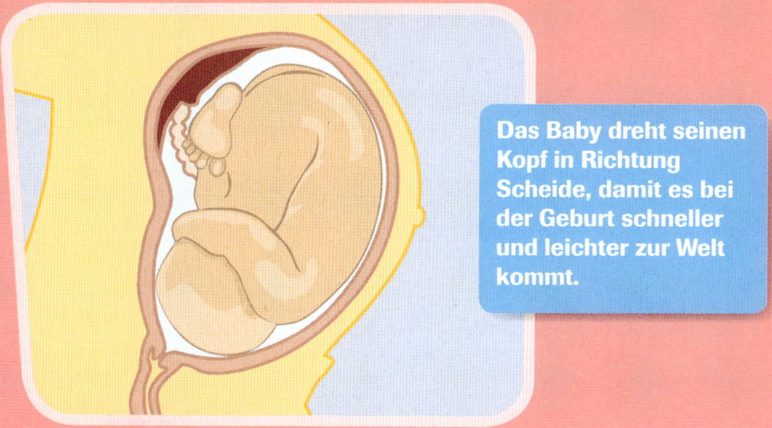

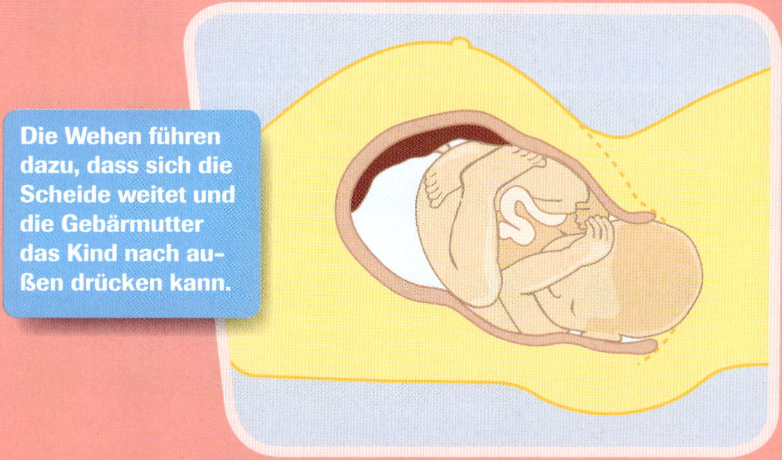

Die kürzeste und die längste Schwangerschaft

Nach 16 Tagen kommen kleine Goldhamster-Babys auf die Welt. Nur sechs Wochen später sind sie schon erwachsen und können selber Junge kriegen.

22 Monate – also fast zwei Jahre – wächst ein Elefantenbaby im Bauch der Mutter. Dafür ist es dann auch schon 85 Zentimeter groß und wiegt 120 bis 150 Kilo. Elefanten haben auch Hebammen: In der freien Natur passen nicht nur die Mütter, sondern auch „Elefantentanten“ auf, dass dem Elefantenbaby nichts passiert.

Baby in Farbe oder Schwarz-Weiß

Das Baby im Fernsehen

Stella, die ich im Geburtshaus kennengelernt habe, wartet noch auf die Geburt. Die Zeit nutze ich für einen Besuch in einer Klinik in München.
Die meisten Babys kommen nämlich nicht in einem Geburtshaus oder zu Hause zur Welt, sondern in einem Krankenhaus.
Und dort werden auch Untersuchungen gemacht.
Bei einer solchen Untersuchung treffe ich Eckart. Er ist Frauenarzt und untersucht die schwangere Alex. „Ist denn irgendwas nicht in Ordnung, dass jetzt eine Untersuchung gemacht wird?", will ich von Eckart und Alex wissen. „Nein, das ist eine ganz normale Routine-Untersuchung, die gehört zu den Vorsorge-Untersuchungen. Alle vier Wochen wird ein Ultraschall gemacht, dann kann ich sehen, ob das Kind wächst und ob es ihm gut geht."

Mit Hilfe des Ultraschalls kann man auch kontrollieren, ob das Kind gut versorgt ist. Ultraschall ist wie Fernsehen, man

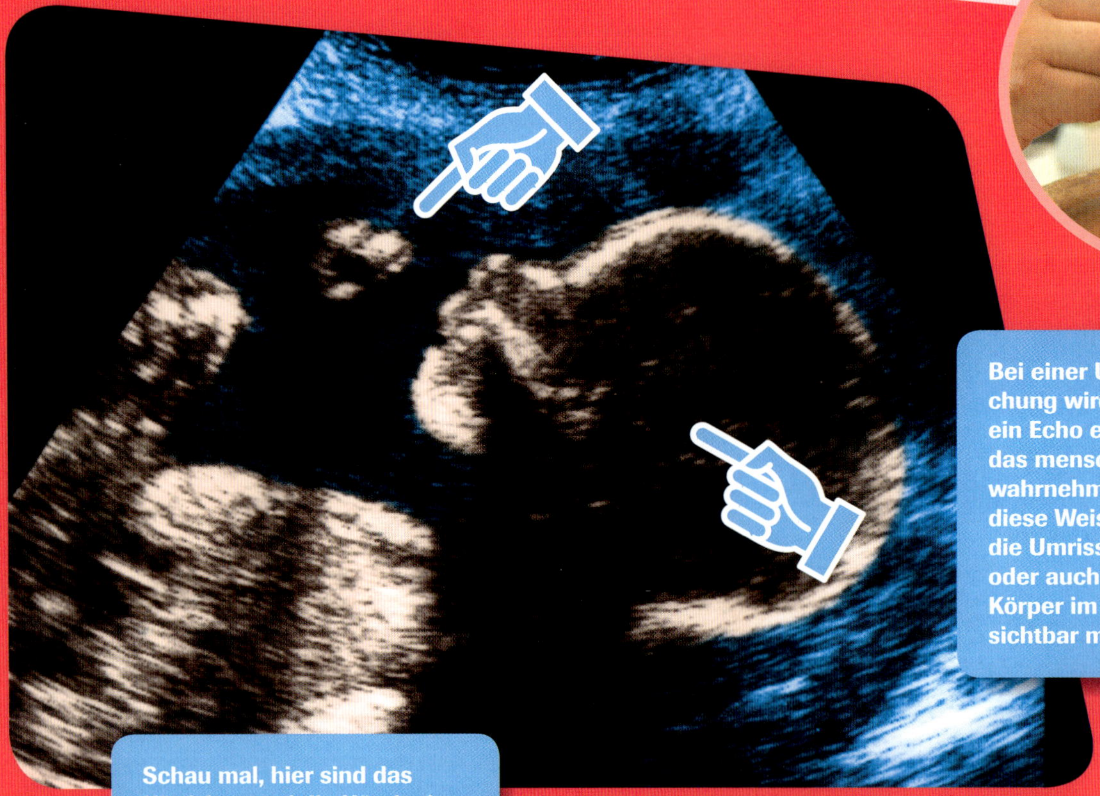

Bei einer Ultraschalluntersuchung wird mit Schallwellen ein Echo erzeugt, das für das menschliche Ohr nicht wahrnehmbar ist. Doch auf diese Weise kann man prima die Umrisse von Organen oder auch von einem kleinen Körper im Bauch der Mutter sichtbar machen.

Schau mal, hier sind das Köpfchen und die Hände des Babys sehr gut zu erkennen.

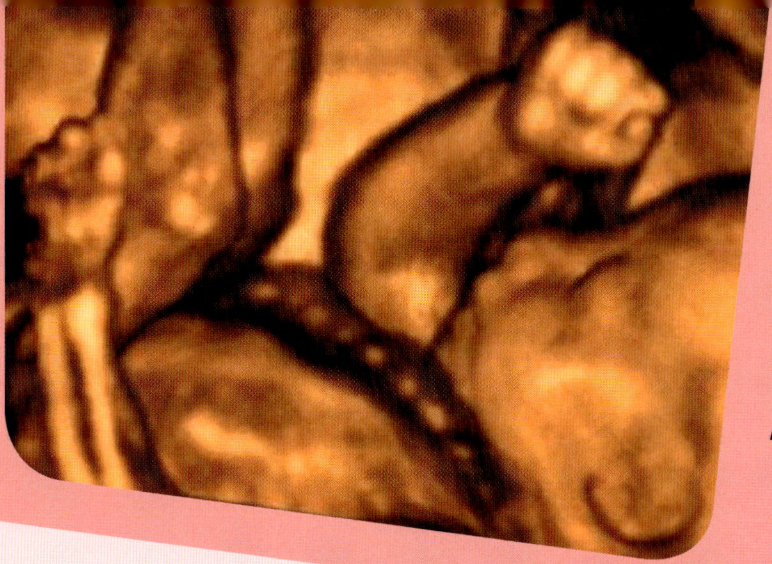

Baby-Facing

Wenn die Umstände günstig sind, kann man das Gesicht und die Vorderseite des Kindes in Mamas Bauch betrachten. Deshalb wird der 3D-Ultraschall auch Baby-Facing genannt. Bei einem 4D-Ultraschall sind die Bewegungen des Ungeborenen sogar fast so wie in Echtzeit zu sehen. Mit dem Ultraschall in 3D und 4D kann man auch erkennen, ob sich der kleine Körper normal entwickelt.

kann Schwarz-Weiß sehen oder in Farbe. Alex liegt inzwischen auf einer Liege. „Schaut mal, da ist es, man kann gut erkennen, wie das Kind im Bauch liegt“, zeigt uns Eckart auf dem Bildschirm. Ich bin ganz fasziniert. Man muss sich ein bisschen „einsehen“, aber dann kann man ganz viel erkennen. „Was siehst du jetzt, Eckart?“, frage ich. „Hier ist das Gesicht des Kindes, Willi, es hat die rechte Hand vor den Augen. Es sieht so aus, als wenn es sich gerade die Augen reibt. Und hier ist noch etwas zu sehen. Das ist die Nabelschnur.“ „Ich weiß, die führt von der Gebärmutter innen an den Nabel des Kindes“, gebe ich mit meinem Wissen ein bisschen an.

Alles im Detail

„Und dann sieht man noch die Wirbelsäule und die Rippen“, erklärt Eckart weiter. „Das ist ja schon ganz schön weit entwickelt“, sage ich. „Ja, ab dem vierten Monat ist eigentlich alles schon da“, bestätigt der Arzt. „Dann braucht das Baby aber noch ein bisschen Zeit, um zu wachsen, bis es auf die Welt kommt.“ „Und ich bin jedenfalls froh, dass mein Kind gesund ist“, strahlt mich Alex an.

„Paul oder Pauline?“
Bei einem Ultraschall im sechsten Monat kann der Arzt erkennen, ob es ein Junge oder ein Mädchen wird. Ein Viertel der werdenden Eltern aber möchte sich lieber überraschen lassen, alle anderen wollen vorher wissen, was es wird. Dann muss man auch nicht zwei Namen suchen.

Der Mutterpass

Jede Frau, die ein Kind erwartet, bekommt einen Mutterpass. Das ist ein Ausweis, darin werden die für die Geburt oder für einen Notfall wichtigen Informationen eingetragen, zum Beispiel die Blutgruppe, die die Mutter hat, und der Geburtstermin. Auch die Ergebnisse der Ultraschall-Untersuchungen werden hier hineingeschrieben. Man kann im Mutterpass gut verfolgen, wie das Baby wächst. Denn es wird auch die Größe eingetragen.

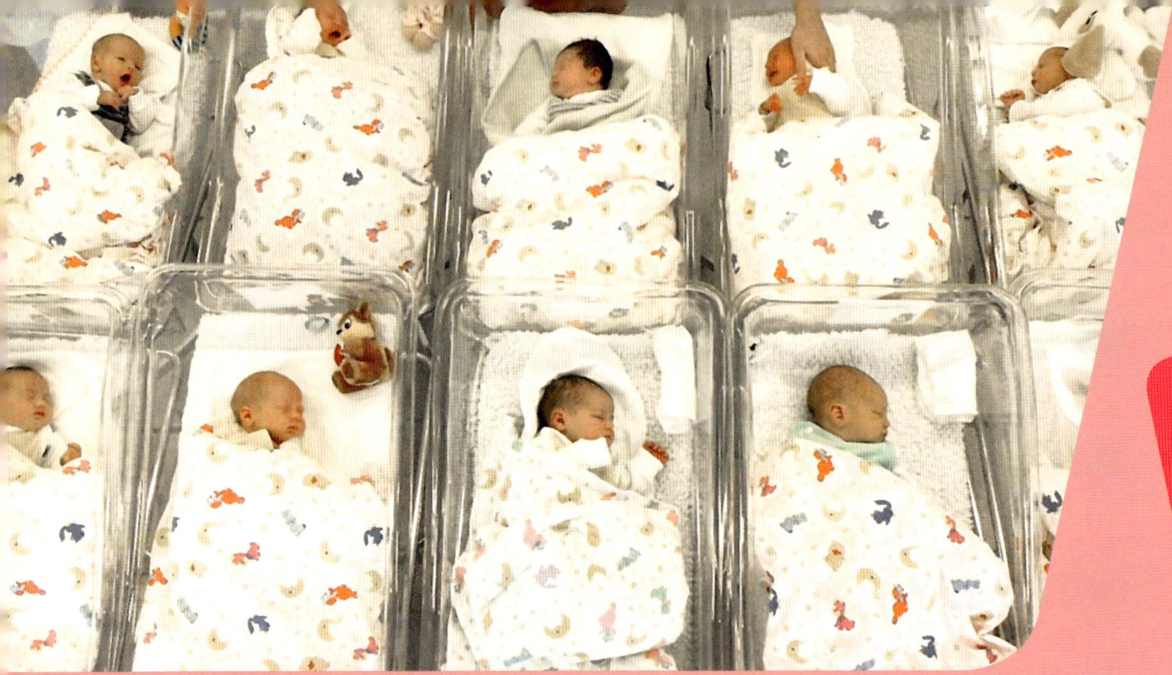

Wenn Mamas mal ausruhen wollen, dann liegen die Neugeborenen in sicheren Babybetten wohlbehütet auf der Babystation.

Im Kinderzimmer

„Eins, zwei, drei, vier", zähle ich die Babys in den nebeneinanderstehenden Kinderbettchen. „Und du bist die Mutter und hast Vierlinge gekriegt."
„Nein, das sind nicht meine", sagt Stefanie und lacht. Wir sind jetzt im Kinderzimmer der Klinik und Stefanie ist die Kinderkrankenschwester. Sie passt auf die Babys auf.
„Die sind ja noch ganz klein. Wann sind die denn zur Welt gekommen?", frage ich Stefanie.
„Heute waren es zwei, der Florian und der Pirin." Stefanie zeigt auf eins der Bettchen, „Die Julia ist gestern zur Welt gekommen. Und der kleine Junge in diesem Bettchen hier hat noch keinen Namen, da haben sich die Eltern noch nicht entschieden."
Drei Jungen also und ein Mädchen. Ich würde ja zu gerne mal eins der Babys auf den Arm nehmen. Schwester Stefanie erlaubt mir das und zeigt mir genau, wie man ein Neugeborenes hält. Dazu legt sie mir den kleinen Florian in den Arm. Ganz vorsichtig muss man sein. „Immer mit deiner Hand den Kopf schön abstützen, den können sie noch nicht alleine halten", erklärt Stefanie und lobt: „Ja, so ist es perfekt!" Das Baby macht die Augen zu. Ob es sich bei mir wohlfühlt?
„Sag mal, Stefanie, wo sind eigentlich die Mütter von den Babys hier?", erkundige ich mich. „Die sind auf den Stationen, wo ihre Zimmer sind,

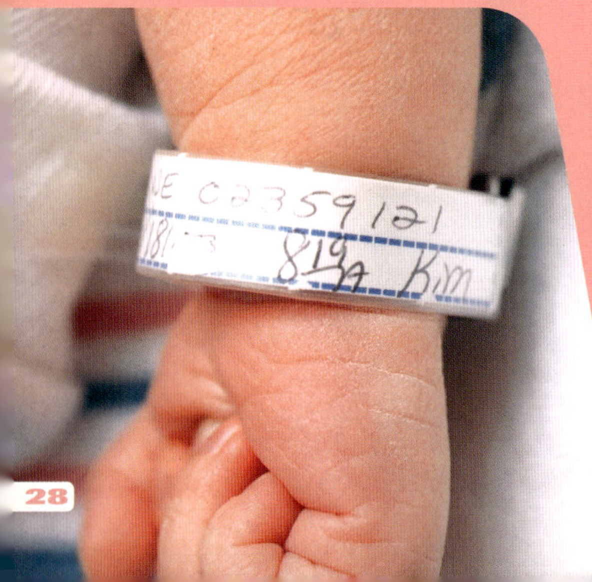

Weil neugeborene Babys sich zum Verwechseln ähnlich sehen, bekommen sie kleine Armbänder mit Geburtsdatum und Namen. Frag mal deine Mama nach deinem Bändchen – das hat sie vielleicht sogar aufgehoben!

Duzi, duzi du, die sind ja so süß!

Willi." „Aber ich denke, Mütter und Babys gehören zusammen?", frage ich. „Ja, klar", antwortet Stefanie, „aber manchmal möchten die Mamas sich ein bisschen ausruhen und müssen schlafen oder sie wollen duschen. Und dann soll ihr Kind nicht alleine im Zimmer bleiben."

Die Schwester passt auf

„Die Mama gibt ihr Baby also hier bei dir ab und du passt so lange auf, damit dem Kind kann nichts passieren kann?", frage ich. „Stimmt", nickt Stefanie, „hier sind sie sicher. Und damit die Mütter das richtige Kind zurückkriegen und wir die Babys auseinanderhalten können, tragen alle farbige Bändchen am Handgelenk mit ihrem Vornamen, ihrem Nachnamen und dem Geburtsdatum."

Jetzt hat Florian wohl Hunger, er wird ganz unruhig. Schwester Stefanie bringt ihn deswegen zu seiner Mama. Zum Stillen.

Babys sind zerbrechlich

Mit neugeborenen Babys muss man besonders vorsichtig umgehen. Sie können zum Beispiel den Kopf noch nicht alleine halten. Erst mit drei bis vier Monaten kann ein Säugling den Kopf heben, wenn er auf dem Bauch liegt. Zwei, drei Monate später dreht er sich schon allein um. Sechs bis acht Monate ist er alt, wenn er ohne Hilfe sitzt. Dann beginnt er zu krabbeln und danach übt er das Stehen. Von nun an ist nichts mehr vor ihm sicher – Blumentöpfe werden ausgeräumt, Bücher aus dem Regal gezogen, Zeitungen zerpflückt und eigentlich kann man auch alles in den Mund stecken. Die Kinder probieren alles aus. Schön aufpassen also!

So klein und schon so stark!

Die Kinderärztin prüft mit ihrem Zeigefinger, den sie nach links und rechts wandern lässt, die Sehfähigkeit des Babys.

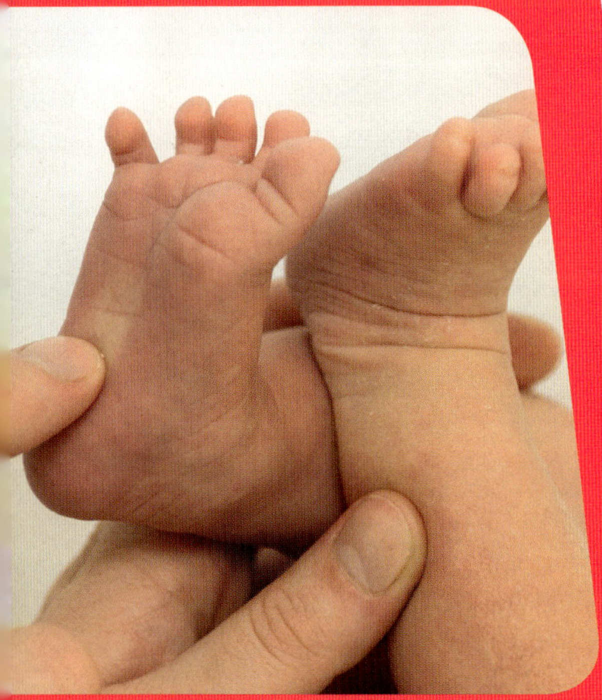

Sobald mit dem Finger über die Fußsohle gestrichen wird, spreizt das Baby reflexartig die Zehen.

Zum ersten Mal beim Kinderarzt

Ich bin immer noch in der Klinik und darf jetzt bei der Untersuchung von Helenas Sohn dabei sein.

Helenas Sohn heißt Georgios, er hat einen deutschen Papa und eine griechische Mama, sagt sie und sieht rundum zufrieden aus.

„Dann hat er bestimmt von dir die Haarfarbe." Helena und Georgios haben beide ganz dunkle Haare.

Helena erlaubt mir, Georgios auf den Arm zu nehmen, und ich gebe ihn weiter an Piet, der vor mir steht. Er ist nicht der Vater, er hat zwar keinen weißen Kittel an, aber ein Stethoskop umhängen. Das ist dieses Instrument zum Abhören der Herztöne. Piet ist Kinderarzt.

„Und was machst du jetzt mit Georgios?", will ich wissen.

„Ich schau mir den Kleinen erst einmal ganz genau an. Damit ich weiß, ob er gesund ist. Dazu legen wir ihn hier auf die Untersuchungsmatte. Schau mal, Georgios hat eine schöne rosige Hautfarbe, das sieht schon mal richtig gut aus", erklärt Piet. „Und was machst du jetzt?" Georgios greift nach den Zeigefingern von Piet und hält sich daran fest.

„Ich will sehen, ob seine Reflexe funktionieren", sagt Piet. „Georgios kann sich schon ganz gut halten."

„Reflexe? Das heißt", frage ich, „er greift automatisch nach deinem Finger?" Dann zeigt mir Piet, dass sich die kleinen Zehen von Georgios krümmen, wenn er ihn an der Fußsohle kitzelt. „Außerdem kann er schon ‚laufen', schau."

Piet hält Georgios so unter den Achseln fest, dass Georgios` Füße die Matte berühren – und schon versucht der Kleine, einen Fuß nach dem anderen zu setzen. „Na ja, gut, noch nicht wirklich ...

... aber Georgios kann mit dem Po wackeln."

Was sind Reflexe?

Es gibt Reflexe, die sind angeboren. Es gibt welche, die entwickeln sich erst im Laufe des Lebens. Es gibt auch welche, die werden erlernt. Auf jeden Fall aber löst ein Reiz eine automatische Reaktion aus – den Reflex. Wir müssen gar nicht erst darüber nachdenken. Reflexe sichern das Überleben, sie dienen in der Regel der Nahrungsaufnahme und dem Selbstschutz.

Und welche sind wichtig für den Säugling?

Saug- und Schluckreflexe zum Beispiel sind ganz wichtige Reaktionen. Ohne sie würden wir keine Nahrung zu uns nehmen. Und was das für ein Baby bedeutet, ist ziemlich klar. Wenn die Brust der Mutter oder später die Babyflasche den Gaumen eines Säuglings berührt, fängt dieser automatisch an zu saugen. Und sobald etwas Flüssiges in den Mund kommt, wird automatisch geschluckt.

Helena und ich sollen mal ganz genau aufpassen. Piet hält Georgios mit der einen Hand in Bauchlage und streicht mit dem Finger der anderen Hand ganz leicht über die Wirbelsäule des Kleinen.

Alle Reflexe sind da

Wenn Piets Finger nach rechts gehen, wandert auch der kleine Po nach rechts. Gehen sie nach links, bewegt sich Georgios` Po nach links.
„Und wenn das klappt, dann funktioniert der Ansatz zum Krabbeln auch schon“, sagt Piet. Er legt Georgios auf den Bauch, schon zieht der Kleine nacheinander die Beine an. Georgios ist allerdings noch zu klein, um vorwärts zu kommen.

Klammeräffchen

Das Baby umklammert alles, was man ihm in die Hand gibt. Sein Greifreflex ist so stark, dass es sogar sein eigenes Gewicht halten könnte.

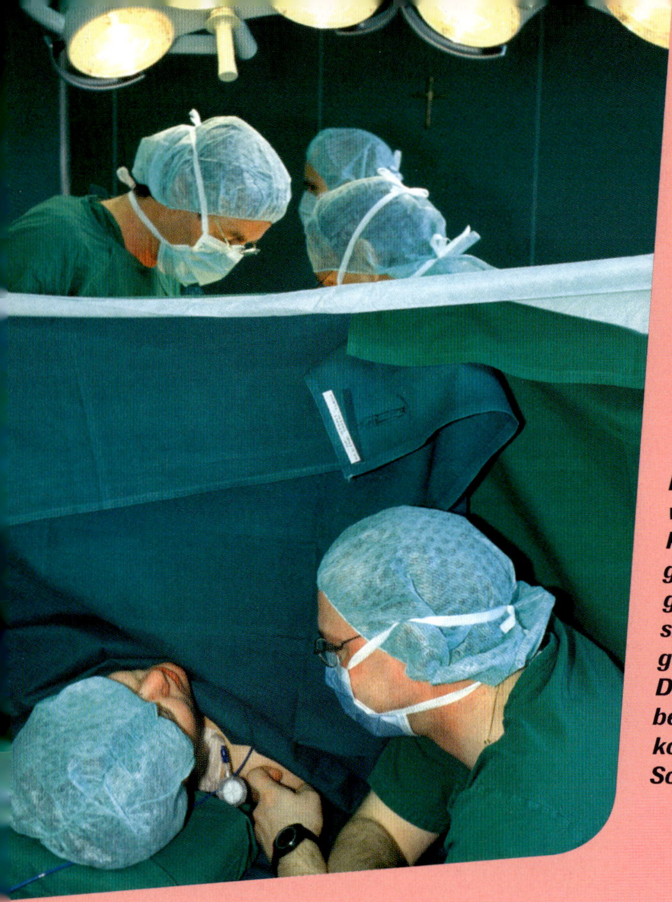

__Beim Kaiserschnitt wird der ganze Körper sorgfältig abgedeckt und keimfrei gearbeitet, weil es sich ja um eine richtige Operation handelt. Die schwangere Frau bekommt eine Narkose, damit sie keine Schmerzen verspürt.__

Kaiserschnitt - nicht nur was für Kaiser

Baby Georgios hat tatsächlich versucht zu krabbeln, aber noch war es nur ein Reflex. Richtig krabbeln lernt Georgios erst, wenn er ein paar Monate älter ist. Dazu müsste er auch sein kleines Köpfchen heben können. Aber Georgios ist erst fünf Tage alt. „Heute muss er das noch nicht können", sagt Piet. Er ist jedenfalls sehr zufrieden mit dem Kind. Und deshalb strahlt auch Helena. „Bist du stolz auf deinen kleinen Sohn?", frage ich die Mutter. „Ja, klar, Willi, ich bin sogar sehr stolz, er ist ja auch ein ganz süßer kleiner Kerl."

„Und mit der Geburt war auch alles okay?", will ich noch von ihr wissen.
„Das war ein Kaiserschnitt", antwortet Helena, „und deswegen habe ich nicht so viel mitgekriegt, man bekommt dabei ja eine Narkose. Aber es ging alles gut." Kaiserschnitt, das Wort habe ich schon mal gehört. Ich frage aber lieber Piet, was es genau bedeutet. Er weiß, was ein Kaiserschnitt ist. „Der Kaiserschnitt ist eine Operation. Durch einen kleinen Schnitt an der Unterseite des Bauchs der Mutter wird das Baby zur Welt gebracht."
„Und wieso muss man manchmal operieren?", forsche ich weiter. Ich habe bisher erfahren, dass eine Geburt was ganz natürliches ist. „Manche Babys können nicht normal auf die Welt kommen", erzählt der Kinderarzt. „Sie sind zu groß für die Mutter oder das Kind

Kaiserschnitt für größere Babys

Gut, dass Operationen heute in der Regel nicht mehr so gefährlich sind. Jedenfalls ist das so bei einem Kaiserschnitt. Früher dagegen, vor einigen hundert Jahren, hat man einen Kaiserschnitt nur im äußersten Notfall gemacht. Und oft ist dabei die Mutter gestorben. Heute ist fast jede vierte Geburt ein Kaiserschnitt. Das hat auch damit zu tun, dass wir uns besser ernähren und die Kinder im Bauch dadurch größer sind. Zu groß für eine natürliche Geburt.

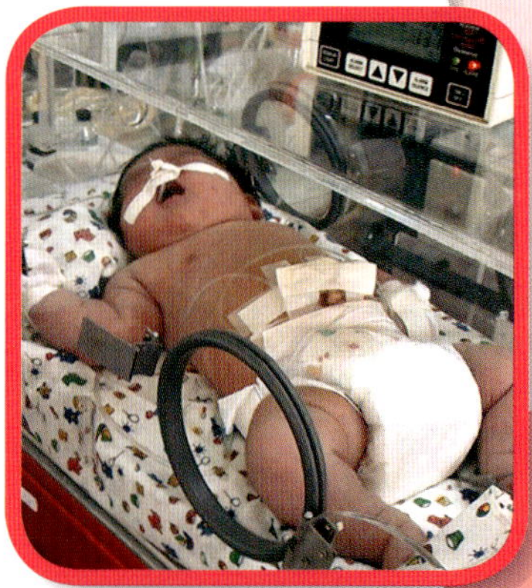

Ein Schnitt und das Baby ist raus

Caesar kommt von dem lateinischen Wort caedere, das heiß „schneiden“. Das erste Kind, das durch einen Schnitt aus dem Mutterleib geholt wurde, soll daher Caesar genannt worden sein.

hat sich nicht gedreht und liegt quer im Bauch. Es passt dann nicht durch die Scheide. Nun entscheidet der Arzt oder die Hebamme, ob ein Kaiserschnitt nötig ist. Meist gibt es in solchen Fällen keine vernünftige Alternative.

Auch wenn es während einer Geburt zu Schwierigkeiten kommt, macht man schnell einen Kaiserschnitt.“

„Und warum heißt der Kaiserschnitt so?“ Piet denkt kurz nach: „Ich glaube, da gibt es eine Legende, nach der ein römischer Kaiser auf diese Weise auf die Welt kam.“ Stimmt, der römische Name für Kaiser ist tatsächlich Caesar. Helena nimmt Georgios auf den Arm. „Vielleicht wird mein Georgios ja auch mal Kaiser. Wer weiß ...“

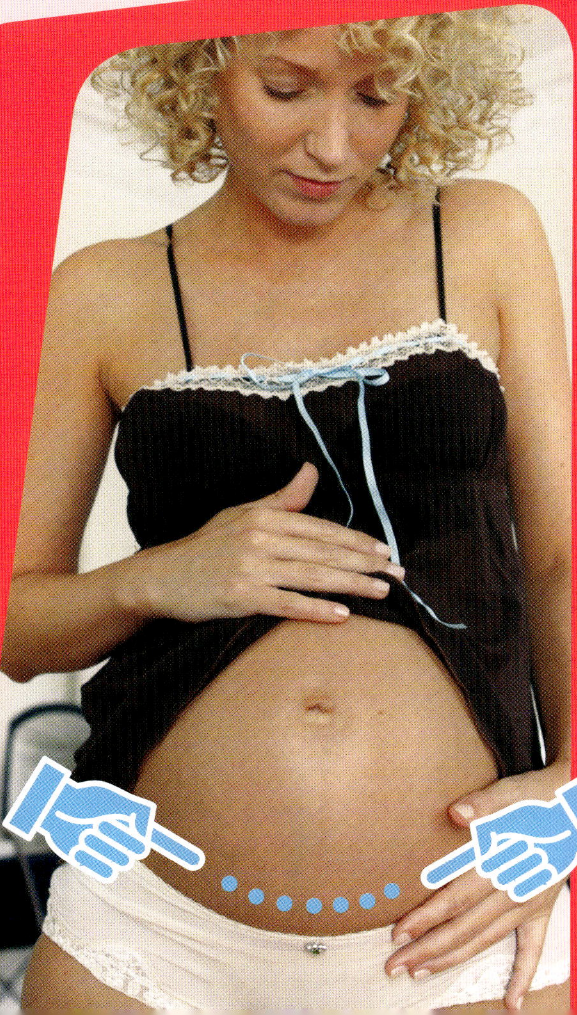

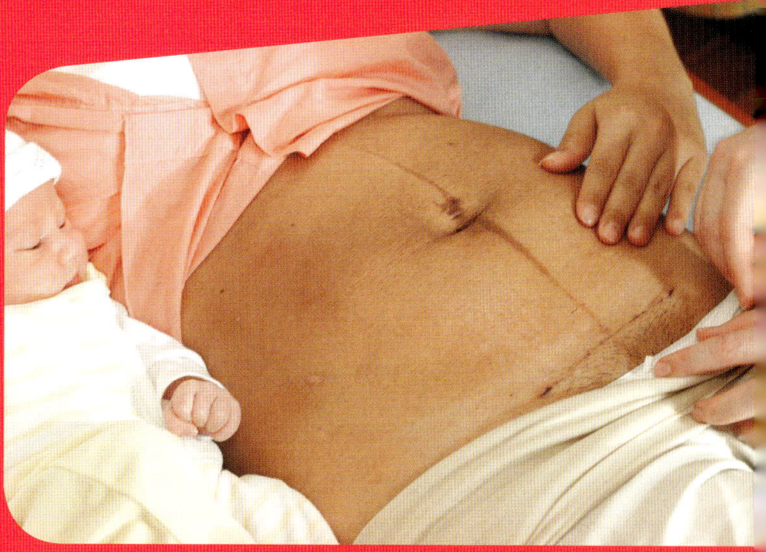

Ein Kaiserschnitt wird an der Unterseite des Bauchs gemacht. An dieser Stelle wird auch das Baby herausgeholt. Danach näht der Arzt den Schnitt wieder zu und es bleibt nur eine winzig dünne Narbe zurück. Die Mutter muss sich dann erst mal einige Tage schonen. Denn dieser Schnitt ist eine richtige Operation. Es gibt auch einen Wunschkaiserschnitt, der extra auf vorherigen Wunsch der Mutter gemacht wird.

Tief einatmen und pressen

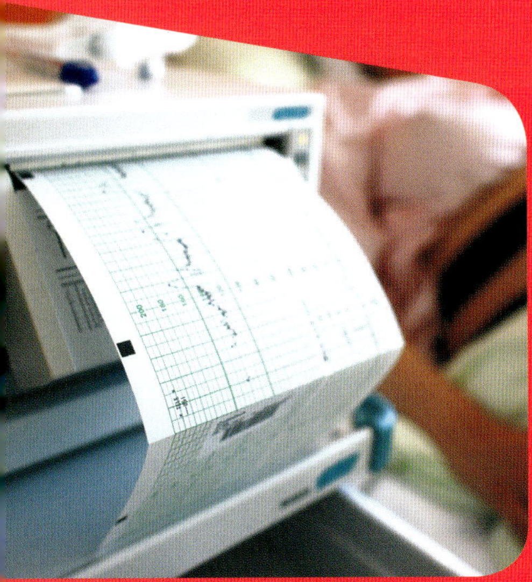

Es gibt auch Geräte, die die Wehenstärke messen und so helfen, den Zeitpunkt der Geburt genauer feststellen zu können.

Endlich geht es los!

Es ist sieben Uhr morgens. Stella hat ziemlich lange gewartet. Aber jetzt ist ihr Geburtstermin da. Heute geht es los. Stella, ihr Mann Christian und ich sind nun im Geburtshaus und ich finde alles ganz spannend. Denn ich war ja noch nie bei einer Geburt dabei.
„Willi, sei nicht so aufgeregt. Ich kriege mein zweites Kind und weiß, wie es geht", beruhigt mich Stella lächelnd.
Bei ihr haben die Wehen eingesetzt. Ich will genauer wissen, was das ist, und frage Nina, Stellas Hebamme.
„Nina, eine Wehe, woher kommt das Wort, von Wind wehen etwa, oder von wehtun?"
„Das kommt von weh tun. Auf Englisch heißt Wehe ‚labour' und das heißt sowohl Wehe aber auch Arbeit. Das passt auch gut", findet Nina.
Während Ninas Erklärung atmet Stella ganz tief ein und aus. „Warum macht Stella das?", frage ich weiter.
„Tiefes Ein- und Ausatmen hilft gegen den Schmerz. Die Schmerzen sind zwar trotzdem da, aber mit dem tiefen Atmen kommt man besser mit ihnen zurecht", erklärt Nina. „Tiefes, langsames Atmen beruhigt."
Jetzt lacht Stella wieder.
„Das finde ich ziemlich beruhigend, wenn du zwischendurch wieder lachst, Stella", sage ich zu ihr. „Die Wehen kommen also immer in Schüben?"
„Genau", bestätigt Stella.

Was wiegt wie viel in Mamas Bauch?

- **Das Kind wiegt vor der Geburt im idealfall 3500 Gramm.**
- **Die Gebärmutter wiegt rund 1300 Gramm.**
- **Die Plazenta wiegt rund 650 Gramm.**
- **Das Fruchtwasser wiegt rund 1000 Gramm.**
- **Die zusätzliche Blutmenge beträgt rund 1250 Gramm.**
- **Flüssigkeitsansammlungen ergeben rund 2000 Gramm.**
- **Fettdepots unter der Haut machen rund 1700 Gramm aus.**

Insgesamt ergibt das eine Gewichtszunahme von etwa 11.400 Gramm – also 11,4 Kilo.

„Wenn die Wehe kommt, muss ich mich konzentrieren und gut atmen. Dabei merke ich nicht viel von dem, was um mich herum los ist. Danach kann ich mich wieder entspannen,

Die ersten Wehen kommen etwa alle 30 Minuten. Die Mutter hat also noch viel Zeit, um sich dazwischen auszuruhen. Die Zeit zwischen zwei Wehen nennt man Wehenpause.

zumindest eine Zeit lang, und dabei kann ich auch mit dir reden, Willi."
Von Nina und Stella habe ich jetzt also gelernt, dass eine Wehe zwar wehtut, aber nicht ewig dauert. Bei einer Wehe zieht sich die Gebärmutter zusammen, um so das Kind aus dem Körper der Mutter zu schieben. Wenn die Wehen einsetzen, weiß man, dass es losgeht mit der Geburt. Dann kommen sie immer häufiger und heftiger, alle 15 Minuten, alle zehn Minuten, alle drei Minuten ... Die Abstände werden immer kürzer. Manche Geburt geht ganz schnell, manche dauert oft auch Stunden.

Wie alles zusammen passt

Bei einer normalen Geburt greift alles wie bei einem Uhrwerk zusammen:

Die ersten Wehen, die das Kind nach unten in den Geburtskanal schieben und die Gebärmutter öffnen.

Die Drehungen, die das Kind unter dem Druck der Wehen macht und die es „platzsparend" durch das Becken der Mutter befördern.

Die Presswehen, die den Druck am Ende so erhöhen, dass das Kind nach draußen geschoben wird.

Und die Nachwehen, die den Mutterkuchen von der Gebärmutter lösen und ausstoßen.

Es gibt auch Wassergeburten. Dabei liegt die Gebärende in einem warmen Wasserbecken. Das fördert die Entspannung, die Bewegungen im Wasser sind einfacher und die Geburt kraftsparender. Und das Neugeborene schwimmt tatsächlich – wie später beim Babyschwimmen.

Wie geht's am besten?

Während Stellas Wehen immer schneller aufeinander folgen, helfe ich der Hebamme, Miriam das Badezimmer vorzubereiten. Wir stellen Kerzen auf und lassen warmes Wasser in die Badewanne. Das warme Wasser soll Stella helfen, sich zu entspannen und die Wehen besser zu ertragen. Im warmen Wasser wird die Muskulatur weich und der Muttermund öffnet sich schneller. Der Muttermund ist die Öffnung zur Scheide, durch den das Kind während der Geburt hindurchrutschen muss. Damit hat das Kind während der Geburt auch weniger Stress. Vielleicht kommt das Kind ja sogar unter Wasser zur Welt? Es gibt verschiedene Möglichkeiten, ein Baby zu gebären. Die Unterwasser-Geburt ist eine davon. Auch dabei ist das Baby noch durch die Nabelschnur mit der Mutter verbunden und bekommt immer noch genug Sauerstoff.

Wichtig ist vor allem, dass sich Stella konzentrieren kann. Deshalb müssen wir auch ganz leise sein. Vorsichtshalber hänge ich draußen ein Schild mit dem Hinweis „Geburt" an die Tür. „Also, psst!". Alle müssen jetzt mucksmäuschenstill sein.
Bei der Geburt ist auch Stellas Mann Christian dabei und wichtig. Er kann ihr helfen, einfach indem er da ist und ihr beisteht.

Plitsch, platsch, Baby im Wasser

Ideale Bedingungen

„Christian, wie geht es dir?", flüstere ich ihm zu. „Eigentlich ganz gut", erwidert er. „Wir haben hier im Geburtshaus ja ideale Bedingungen. Bei Stellas Schwangerschaft ist alles normal verlaufen und die Zeit ist ja auch ganz in Ordnung. Früh am Morgen ist besser als mitten in der Nacht." „Leidest du mit Stella?", frage ich ihn. „Ich selber leide nicht", sagt er. „Aber ich fühle mit ihr mit. Bei der ersten Geburt, als unsere Tochter Lilly zur Welt kam, da wusste ich ja noch nicht, wie's geht. Da habe ich sehr gelitten. Ich habe auch Angst gehabt um Stella."

„Und nun?", frage ich. „Jetzt kann ich das, was passiert, besser einschätzen. Ich weiß auch, dass Stella eine starke Frau ist und dass ich ihr helfen kann, indem ich dabei bin." Na, dann aber nichts wie hin zu Stella. Die hat sich inzwischen in der Badewanne ein bisschen entspannt. Die Pausen zwischen den Wehen werden immer kürzer. Ich glaube, es ist bald so weit. Das Baby kommt!

Auch eine sanfte Geburt

Viele Naturvölker nutzen die entspannende Wirkung von warmem Wasser. Die Maori-Frauen auf Neuseeland zum Beispiel suchen sich einen Platz am Meer, wo Steine ein natürliches Becken gebildet haben und wo sie ihr Kind geschützt vor den Wellen im warmen Wasser zur Welt bringen können.

Wasser ist für jedes Baby ein vertrautes Element – schon als Embryo ist es ja durch das Fruchtwasser geschützt. Darin kann das Baby auch nicht ertrinken. Es hat ja diesen Atemschutz-Reflex. Etwa vier Monate nach seiner Geburt verliert das Baby diesen angeborenen Reflex aber wieder.

Schrei, Baby, schrei!

Die letzten Minuten

Stella bekommt ihr Baby aber nicht in der Badewanne. Nachdem sie mit Nina zusammen ein bisschen auf- und abgegangen ist, sucht sie eine Position, die ihr die Geburt am leichtesten macht.
Für mich haben Nina und Christian jetzt keine Zeit mehr. Dafür habe ich Verständnis. Aber zuschauen darf ich trotzdem. Stella hat verschiedene Arten, ihr Kind zur Welt zu bringen, erklärt mir Nina. „Sie kann sich auf den Rücken legen“, erzählt Nina. „Das machen die meisten Frauen in Europa. In der liegenden Position können die Hebamme oder der Arzt am besten eingreifen.“ Nina sagt aber auch noch, dass viele Frauen ihr Kind lieber in der aufrechten Position kriegen. Dabei kann man sich zum Beispiel an einem Seil festhalten und dann mit viel Kraft das Baby nach unten drücken. Auch im Hocken kann man ein Kind kriegen. Oder im Knien. Ein Patentrezept gibt es nicht. Was der Entspannung der Mutter dient, ist meist auch gut für das Kind. Viele Frauen verändern auch während der Geburt ihre Position so, wie sie es eben am besten aushalten. Stella hat sich inzwischen hin-

Frauen bringen ihre Babys im Knieen

... oder ganz klassisch – wie die meisten Mütter – in der Liegepostion zur Welt.

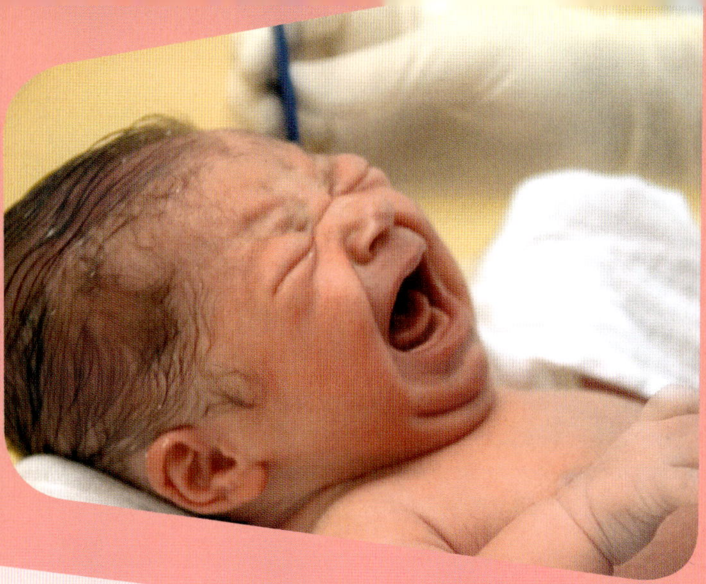

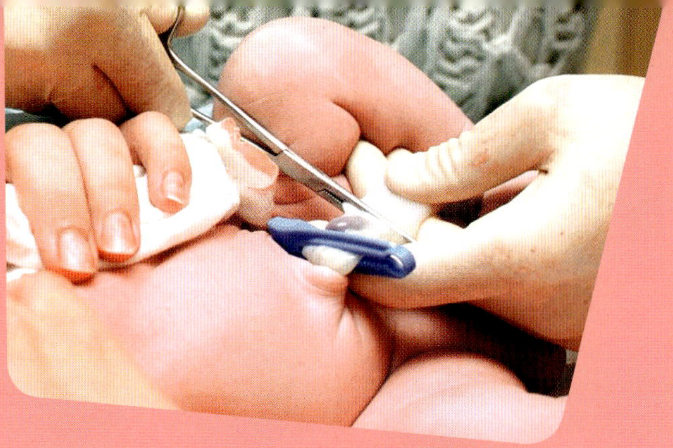

Nach der Durchtrennung der Nabelschnur wird das Kind von der Mutter nicht mehr direkt mitversorgt. Es muss selbstständig atmen und sein Kreislauf arbeitet nun allein. Neugeborene schreien – das ist eine überlebenswichtige Fähigkeit, mit der sie um Hilfe rufen können, und natürlich für die Atmung.

gekniet. Die letzten Wehen tun ihr besonders weh. Das Baby ist mittlerweile ganz weit in der Gebärmutter nach unten gerutscht.

Der große Augenblick

Jetzt braucht Stella ihre ganze Kraft, um das Baby aus der Scheide und damit aus ihrem Körper herauszudrücken. Sie entspannt sich. Während der Wehen schreit und stöhnt sie. Nina beruhigt uns. „Keine Angst, das Stöhnen und Schreien hilft Stella, das ist ganz natürlich und gleich vorbei. Christian, schau mal, man kann das kleine Köpfchen schon sehen." Sie fordert Stella auf, noch einmal ganz kräftig zu pressen. „Ein oder zwei Wehen noch, dann ist es geschafft", sagt sie. Jetzt geht alles ziemlich schnell. Das Köpfchen schiebt sich heraus. „Noch mal pressen! Da ist es!", freut sich Nina. „Seht mal, hier ist die Nabelschnur und die Flüssigkeit ist Fruchtwasser." Nina hat das Baby mit ihren Händen gehalten. Es ist eben erst zur Welt gekommen und gleich schreit es. „Der erste Schrei", sagt Nina. „Der ist wichtig. Denn das bedeutet: Ab jetzt atmet das Baby von selbst."
Die Hautfarbe des Babys ist noch bläulich. Das ändert sich, wenn sich die Lungen erst einmal ganz mit Sauerstoff gefüllt haben.

Ohne Arzt und Hebamme

Bei so genannten Alleingeburten ist weder eine Hebamme noch ein Arzt dabei. Das ist bei uns ziemlich undenkbar, doch bei vielen Naturvölkern normal: Die Mütter gehen in den Wald oder in eine spezielle Hütte oder in ein Zelt, wo sie ihr Kind selbst entbinden und abnabeln. Es gibt Berichte über Fälle in Asien, wo Frauen, die hochschwanger auf dem Feld arbeiteten, ihre Arbeit niederlegten und an den Feldrand gingen, wo sie dann ihr Kind bekamen, um danach direkt wieder an die Arbeit zu gehen.

Ein neugeborenes Baby sieht nicht gleich aus wie ein drolliger, süßer Wonneproppen: Es ist meist etwas blutig, schrumpelig, hat eine bläulich-rötliche Farbe und ist meist von der sogenannten Käseschmiere bedeckt. Diese Schmiere ist ein wichtiger Schutz für die Haut und sollte auch erst mal nicht mit Seife abgewaschen werden.

Hurra – das Kind ist da!

„Es ist ein Junge", sagt Nina. Sie nimmt den Kleinen und legt ihn Stella ganz vorsichtig auf den Bauch, dann deckt sie beide mit einem warmen Tuch zu. Stella liegt jetzt auf dem großen bequemen Bett. In ihren Armen hält sie das Baby. Christian ist bei ihr. Stella sieht erschöpft aus, aber auch sehr glücklich.

Jetzt muss noch die Nabelschnur durchtrennt werden. Das darf Christian machen. Er ist sehr stolz, seinem Sohn diesen „ersten Schritt" ins Leben zu ermöglichen. Das Baby ist ganz klein, aber es hat schon Haare auf den Kopf und die winzigen Händchen zu Fäusten geballt.

„Das sieht ja aus, als wenn es eingecremt ist", staune ich und frage Nina ganz leise, um Mutter, Vater und Kind nicht zu stören. „Das ist die Käseschmiere, damit kommt jedes Kind auf die Welt", flüstert Nina zurück. „Sie schützt die Haut und hilft bei der Geburt. Sie ist besser als jede Creme."

Wiegen und messen

Die erste Untersuchung findet unmittelbar nach der Geburt statt. Sie dauert auch nur ein paar Minuten. Nina erklärt, was sie tut: „Ich wiege das Neugeborene und messe seine Körperlänge und seinen Körperumfang." Das Baby von Stella und Christian ist 57 Zentimeter groß und 4,6 Kilogramm schwer. Schnell verschafft sich Nina auch einen ersten Eindruck über die Atmung, den Herzschlag, die Hautfarbe und Reflexe. Das wird alles Punkt

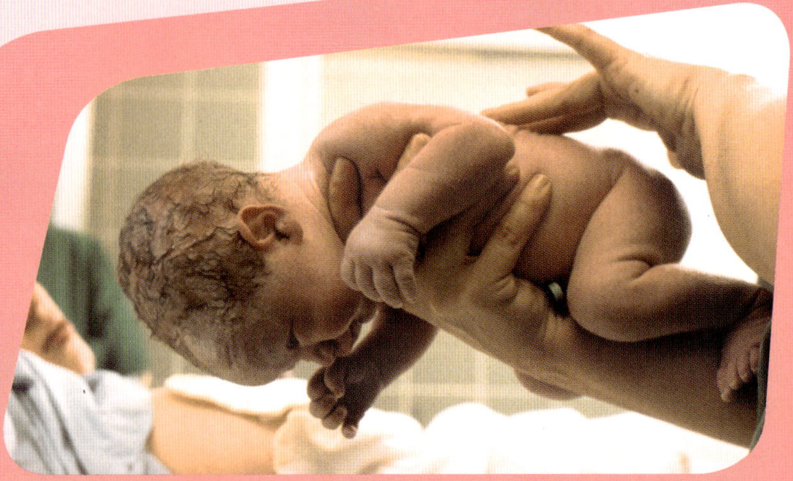

Bei der ersten Untersuchung wird die Wirbelsäule abgetastet ...

Alles gut überstanden ...

für Punkt kontrolliert, von eins bis zehn. Wenn ein Kind zehn Punkte erhält, hat es die Geburt perfekt überstanden und ist gesund. Diese Prüfung aber sagt noch nichts darüber aus, welche speziellen Fähigkeiten das Kind einmal haben wird.

„Und habt habt ihr schon einen Namen für euer Baby?", frage ich die strahlenden Eltern. „Ja, Joshua soll er heißen", antwortet Christian. „Das ist ein Name aus dem Hebräischen, also aus Israel, und bedeutet Heil oder Rettung." „Das ist ein schöner Name", sage ich.

Hanna Paul Leon Leonie Laura Jonas Anna Finn Lukas Lea Nele Max Felix Luka Lilli Emily

Familienbuch

Joshua kommt ins Familienbuch

Der Name eines neugeborenen Kindes muss innerhalb einer Woche dem Standesamt angezeigt werden, das macht meistens der Vater des Kindes. Christian muss also in den nächsten Tagen zum Standesamt, und dort wird Joshua in das Familienbuch eingetragen, in dem auch schon seine Schwester Lilly steht. Ist der Name einmal eingetragen, kann man ihn auch nicht einfach noch mal ändern. Die Eltern können einen Namen frei wählen. Aber es gibt ein paar Regeln. Man sollte am Namen möglichst erkennen können, ob das Kind ein Junge oder ein Mädchen ist. Ein sehr beliebter Jungenname ist Maximilian, ein beliebter Mädchenname ist Marie.

... und die Größe des Neugeborenen gemessen.

WWW

U1-Untersuchung

Diese erste Untersuchung findet direkt nach der Geburt statt und dient der allgemeinen Kontrolle. Sie wird vom Geburtshelfer, vom Frauenarzt oder von der Hebamme durchgeführt. Der APGAR-Test (siehe unten) wird fünf Minuten und nochmals zehn Minuten nach der Geburt wiederholt. So weiß man, ob das Kind die Geburt gut überstanden hat und ob es ihm körperlich gut geht.

APGAR

- **A** Atmung
- **P** Puls (Herzschlag)
- **G** Grundtonus (Grundspannung)
- **A** Aussehen (Hautfarbe)
- **R** Reflexe

Nach der wohligen Wärme in Mamas Bauch wird das Neugeborene sofort gut abgetrocknet und zugedeckt und findet dann auf Mamas Bauch einen wärmenden Platz.

Die glücklichen Eltern

„Viele Mädchen wollen vielleicht später mal ein Kind haben", sage ich zu Stella, „jetzt wissen sie, dass so eine Geburt auch wehtun kann. Kannst du ihnen trotzdem Mut machen?"

Stella lächelt: „So eine Geburt ist eine ganz tolle Erfahrung", sagt sie. „Und die Schmerzen vergisst man sehr schnell. Weißt du was, Willi, ich glaube, ich hab sie schon vergessen. Sie halten ja auch nicht lange an." „Das hab ich gemerkt", antworte ich, „da war immer eine Pause zwischen den Wehen, in denen du dich ganz gut entspannen konntest." „Genau", bestätigt Stella, „man kann sich ganz gut darauf einstellen, und

Delfin-Mamas schlafen nie

Jetzt haben Forscher ein Geheimnis gelüftet, das auch mit der Geburt von Delfinen zu tun hat: Delfinmütter schlafen nämlich nach der Geburt ihrer Kinder wochenlang nicht! Dachte man. Ist auch so. Aber wieso? Verhaltensforscher haben festgestellt, dass Delfine stets wachsam sind. Sie haben Hirnströme gemessen und das Ergebnis ist sensationell: Bei Delfinen schläft immer nur eine Gehirnhälfte, die andere bleibt wach. Und auch mindestens ein Auge ist stets geöffnet. Angreifer werden also immer wahrgenommen. Ganz schön schlau, diese Delfine: Zum Schlafen lösen sich zwei Gehirnhälften einfach ab! Und die Babys werden gut bewacht.

Kleines Baby – großes Wunder

man weiß, das dauert nicht ewig, und daher kann man das dann auch aushalten. Außerdem freut man sich doch auf das Baby."

Alles begann mit einer Zelle

Stella war gut auf die Geburt vorbereitet. Sie hat ja schon ein Kind und Nina konnte ihr noch einiges mehr über die Schwangerschaft erzählen.
„Und trotzdem ist es irgendwie ein kleines Wunder", sinniere ich, „wenn man euch jetzt zusammensieht, Vater, Mutter und den kleinen Joshua!
„Ja, es ist sogar ein großes Wunder", mischt sich Nina ein, „vor allem, wenn man bedenkt, dass dieses Kind aus nur zwei winzigen kleinen Zellen entstanden ist." Stimmt, ich erinnere mich. Die Eizelle der Mutter und die Samenzelle des Vaters verschmelzen. Daraus entsteht die erste Zelle eines Menschen. Diese Anfangszelle teilt sich und teilt sich und teilt sich – und am Ende entsteht daraus ein Mensch.

Viele Väter wollen die Geburt ihres Kindes miterleben und sind im Kreißaal oder im Geburtshaus dabei. Und wenn sie ihren Nachwuchs zum ersten Mal im Arm haben, sind sie natürlich genauso wie die Mütter mächtig stolz!

Die meisten Babys, die bei uns geboren werden, haben blaue Augen. Auch wenn die Eltern braune Augen haben. Das hat mit dem Farbstoff Melanin zu tun, der sich im Zusammenhang mit dem Schutz vor Sonnenstrahlen bildet. Wird aber wenig solcher Farbstoff gebildet, bleiben die Augen blau, wird etwas mehr davon gebildet, ergibt das grüne Augen, noch etwas mehr und die Augen sind braun.

Nur dunkelhäutige Babys haben schon bei ihrer Geburt braune Augen. Denn bei ihnen wird schon während der Schwangerschaft mehr Farbstoff entwickelt.

Nach der anstrengenden Geburt, hat das Baby zum ersten Mal so richtig Hunger und sucht instinktiv nach der Brust der Mutter. Sein Geruchssinn hilft ihm, die Brust der Mutter auch im Dunkeln oder mit Augen zu finden.

Die ersten Stunden auf der Welt

Joshua ist nun also da. Und damit wird sich für Stella und Christian so einiges am Tagesablauf ändern.
„Stella, was machst du jetzt, nach der Geburt?“, frage ich sie. „Bleibst du hier liegen?“
„Ein Weilchen schon noch“, sagt sie, „ein bisschen möchte ich mich noch ausruhen, aber bald geht's nach Hause.“ Dort wartet ja auch Lilly und will ihr Brüderchen sehen. Stella hat den kleinen Joshua noch immer auf ihrem Bauch.
„Da fühlt er sich geborgen“, sagt Nina. „Er hört den vertrauten Herzschlag der Mutter.“ Bevor Stella allerdings das Geburtshaus verlässt, zeigt ihr Nina noch einmal, wie sie ihr Kind am besten stillt.

„Was heißt denn eigentlich Stillen?“, will ich von Nina wissen. „Das sagt man, wenn das Baby die Muttermilch aus der Brust trinkt“, erklärt sie mir. „Das Wort kommt wahrscheinlich von still sein. Beim Trinken kann das Baby nicht schreien. Ganz einfach also. Und Willi, wenn du den Mund voll hast, kannst du auch nicht reden.“ Das ist wahr.
„Übrigens, Willi, das Wort Säugling hat auch was mit Saugen zu tun“, fügt sie noch hinzu.

Die Milchbar ist eröffnet!

Joshua ist wach und hat anscheinend Hunger. Mit der Hilfe von Stella dreht er sich vom Bauch zur Brust und sucht nach der Brustwarze. Kaum hat Joshua sie im Mund, fängt er auch schon an zu saugen. „Nina“, flüstere ich, um Stella

Grundausstattung fürs Baby: Auch wenn das Neugeborene in der ersten Zeit fast nur schläft, braucht es viele Sachen zum Anziehen: Strampler, Hemdchen, Höschen, Mützchen, Söckchen, Babyschlafsack, Lätzchen und natürlich jede Menge Windeln.

Mutter Milch

und Joshua nicht zu stören, „woher hat Stella denn plötzlich die Milch?“ Nina sagt: „Die entsteht während der Schwangerschaft, Stella muss nichts dazu tun. Und je mehr der kleine Joshua saugt, desto mehr Milch produziert Stella.“
Das ist ja praktisch, finde ich.

Und weil Stella jetzt ganz mit Joshua beschäftigt ist, verabschiede ich mich leise von Nina und von den glücklichen Eltern und flüstere: „Und danke noch mal. Die Geburt von Joshua werde ich bestimmt nie vergessen.“

Billig und gut

Muttermilch ist die beste und wichtigste Nahrungsquelle für ein neugeborenes Baby. Sie enthält alle Nährstoffe und Vitamine in genau der richtigen Menge. Sie schützt das Kind gegen Krankheiten und Allergien. Und kosten tut sie auch nichts.

Die Milch, die die Mutter in den ersten Tagen nach der Geburt produziert, ist besonders nährstoffreich und viel dickflüssiger als die Muttermilch, die später gebildet wird. Sie stärkt die Abwehrkräfte und schützt das Baby ganz besonders vor Krankheiten.

Baby füttern, Windeln wechseln, Baby baden und in den Schlaf wiegen – das machen viele Papas genauso gern und gut wie die Mamas.

Baby-Bett

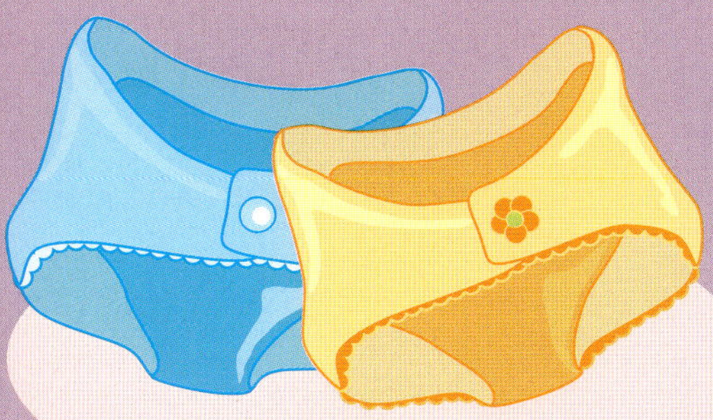

Windeln

Kleidung

Uwe Kauss
Willi wills wissen
Wie wird man
Astronaut?

Reinhold Ziegler
Willi wills wissen
Wer macht das
Auto mobil?

Anne Buhrfeind
Willi wills wissen
Wie lebt sich's so als Tier im
Zoo?

Andrea Gruß
Ute Hänsler
Willi wills wissen
Was läuft rund ums
Rad?

Nils Kahlefendt
Willi wills wissen
Ich versteh' nur
Bahnhof!

Heike Gätjen
Willi wills wissen
Wie ist das mit dem
Tod?

Reinhold Ziegler
Willi wills wissen
Alle Flieger fliegen
hoch!

Ulrike Gerold
Willi wills wissen
Wie kommen Babys
auf die Welt?